また
会いたく
なる人

婚活のための
モテ講座

NPO法人花婿学校代表
大橋清朗

講談社

はじめに

「また会いたくなる人」になりたい

私はいま、コミュニケーションの重要性を未婚者に伝える立場にいます。たくさんの未婚者に接することができ、皆さんが悩んでいることの多くがコミュニケーションだとわかりました。

異性だけでなく同性にも。

他者とのコミュニケーションが日頃より円滑に進んでいたら、結婚への過程でも悩みは少ないかもしれません。いまの親世代（団塊世代）は、ある程度のコミュニケーション力があれば、皆が結婚に至ることができました。

でも、いまの結婚適齢期世代（30代〜40代）は、異性とのコミュニケーション力により、「結婚に近い人」「結婚に遠い人」にはっきりと分かれます。近い人は、日常より異性と接する環境にいて、異性と向き合うことや見られていることに抵抗感がありません。反対に遠い人は、思春期より異性とのコミュニケーションがとれなかったり、または避けていたため、いまもその状態を引きずっているようです。

コミュニケーションとは「お互いに意思や感情、思考を伝え合うこと」です。これがうまくできることで、継続的な人間関係が生まれ、よりお互いの関係が深くなっていきます。また会いたくなる関係となるのです。

結婚が早い人たちの多くには、ある共通点があります。男性の場合は、「高収入（＝仕事ができる）、または人間力（コミュニケーション力）が高い」。女性の場合は、「外見をキレイに魅せるのが上手である」。

これまでの生徒で結婚が早かったのは、やはり高収入と人間力がポイントでした。収入がある程度あって、私と会話やメールをしたときの印象は良好です。

生きていくためには、仕事をしなければなりません。仕事とは、社会の一員として世の中にどう役立っているかということだと思います。高収入であれば、その分社会に貢献し、人間力が高い可能性があり、異性より人生のパートナーとして求められるのは当然と言えます。収入が多いほど結婚が近い傾向は、データでも表れています。

外見をキレイに魅せることができる女性は、どの年齢になっても男性に人気があります。単純に、男性が女性に魅力を感じる部分なのです。よって男性とたくさんコミュニケーションしたいのなら、外見をよく魅せることに集中すべきです。昔と違い、女性の外見をキレイに魅せる方法がいくらでもあることは、女性も男性も知っています。

結婚に近い方は、この異性が魅力を感じる共通点を、身につけようと努力されています。一方、結婚に遠い方は、この現実を見ようとせず、ありのままの自分で出会いを求めているのです。ありのままの状態で、異性とのコミュニケーションにおいて、十分に結果が出ているのならいいのですが、そうでないなら、自分を磨く努力が必要になってきます。

私は小さい頃からコミュニケーションが苦手でした。家庭環境や友人関係の影響を強く受けたのかもしれません。苦手なものは避け続けます。泳げない方がプールに行かないように、私もできるだけコミュニケーションを避けてきました。

自分の感情を抑え、その場限りのコミュニケーション。

自分のことを出さない、伝えないので、相手との継続的な関係は生まれにくいのです。

高校時代は恋人もいません。異性とのコミュニケーションをする努力や自分を磨くこともしていなかったのです。女性に積極的に動かなかった当時の自分をいま考えると、彼女ができないのは当たり前といえます。

大学生や社会人になって、これではこれからもこのままで生きていかなければならないと考え、十分に泳げないのにプールに飛び込むかのように、コミュニケーションをよくすることを意識して実践しました。

たくさんの関連書籍を読んだり、実際に人と接することを意識的に増やしたのです。

泳ぐことを避けていたらいつまでも泳げません。

急にはうまくいきませんが、少しずつ自分が変わっていった感覚をもつことができたのです。

人は変われます。

しかし自分自身が変わろうとしないと、過去を引きずって生きていかなければなりません。急には変われませんが、積み重ねの努力が変えてくれます。

どの部分に意識を集中させて実行するかです。

他人と過去は変えられませんが、自分と未来は変えられます。人生はすべて選択です。後悔のない選択をすべきです。過去をいつまでも背負っていては、幸せになれません。**大事なのはリセットできる力です。**

私もまだまだ十分ではありませんが、「また会いたくなる人」を目指して、自分を変えていきたいと思います。

コミュニケーションが苦手な私が、初めて異性と付き合ったのは大学のときでした。自分を変えようと少しずつ実践していたときです。

恋愛することは、さらに自分をさらけ出すことなので、勇気が必要です。失敗も怖いです。

勇気は身体の奥から搾り出し、勇気を出した分だけ人は幸せに近づくのではと、いまにして思います。**幸せは自分でつかむものなのです。**

いくつかの恋愛を重ねて感じたことは、人間は自分を一番愛しています。

自分と同じ、またはそれ以上に愛せる相手と出会えるか、人生の中で共に生きたいという異性との出会い、そしてこの人とこれからの人生を歩もうと決めるのが結婚だと思います。

私のパートナーにとって、私は「また会いたくなる人」、パートナーも私にとって「また会いたくなる人」。

そんな関係を続けていければ、お互い幸せになれると思います。

私は「また会いたくなる人」になりたいです。

また会いたくなる人　もくじ

lesson

01 愛される基本

lesson
03 また会いたいと思わせる会話とマナー

lesson 04 理想の人との出会い方

lesson 05 恋人に昇格するためのデート戦略

lesson 06
「結婚したくなる人」のつくり方

prologue

いまどきの結婚事情

また会いたくなる人

あなたは人生のパートナーといつ巡り会えるでしょうか？

いまの付き合っている相手が運命の人でしょうか？

答えはわかりません。もしかしてその後、いま以上の相手が現れるかもしれません。もう少し待っていたら、最高のパートナーに出会えるのかもしれません。

世の中にはきっとあなたに合う方がいます。でも、1年後に会えるか、5年後、10年後かもしれません。もし20年後に出会えて、あなたはその後の人生を楽しめるでしょうか？　相手はあなたを選んでくれるでしょうか？

結婚適齢期というのはあるはずです。それまでに皆が、限りなく運命の人と言える出会いをしなければならないのです。そのためにはたくさんの異性と出会うことです。付き合うことです。

結婚相手のポイントは、結婚後も共に成長できるかどうかです。お互いの状況を認め合い、気遣い、共に目標や夢に向かって前進する。お互いに高めあって1

＋1＝∞になれるかどうか。お互いが「また会いたくなる人」になれば、無限大が実現します。そしてお互いが運命の人になるのです。

結婚相手に経済力を求めることとは

よく理想の男性の条件に「経済力」というのが挙がります。周りからは「女性は現実的すぎる」「愛がなくていいのか」などと批判されるために声を大にしては言えないけど、本音は「愛は大切だけど、やっぱり経済力がなくちゃ」と思っている女性が大半です。私が知っている結婚相談所の女性会員も、ハッキリと年収を条件に挙げます。

20代の恋愛・結婚は「好きだから、お金なんてなくてもがんばれる」と突き進むことができるし、若さと勢いでなんとかなるかもしれません。**けれど、30歳以降の女性にとって相手の「経済力」は、とても重要な要素になります。**

例えば30代以降の女性なら実感していると思いますが、だんだん徹夜などの無理がきかなくなり、自分の健康に自信をもてなくなる瞬間、美容面での20代との違いを認めざるを得ないときがあると思います。そんなとき、健康（将来の介護も含む）を保障してくれる安心できる生活をするには、どうしても「経済力」が必要になってくるのです。

「経済力・年収の高さ」＝「人間力の高さ」という式があります。「年収が高い」ということは、社会への貢献度が高いことを意味し、その対価が年収になります。つまり、「社会貢献できるスキルが高い」ということは、「人間力が高い」と言えるわけなのです。

もちろんすべての人間に当てはまらないことは承知していますが、「経済力」を求めることは「人間力」を求めることと同じと言えますし、「経済力」を男性に求めることは決して悪いことではないと言えるのです。この経済力もそのときだけでなく、将来にわたっての稼ぐ力が期待できるかの見極めが必要です。

経済力が高い男性を求めるなら、それだけ女性にも対価としての魅力がないと、マッチングはなかなかできません。しかもこの魅力は、女性が決めるのではなく、男性が決めるのです。人気がある男性は、多くの女性が狙っており、それだけ競争が激しいのです。

結婚活動をしている女性たちが結婚相手の年収をどれほど求めるかという話になったとき、600万円くらいは必要だと言っていました。東京ならもっと高いと思います。

いまの30代～40代の女性たちは、昔のお母さんたちと比較して、ご自身でも稼いでいます。だから、結婚して子供ができると、仕事を休まなければならないので、自分のいまの稼ぎを補うくらいの年収を男性に求めてしまうのは、仕方がないのかもしれません。また、女性たちの父親世代（団塊世代）の多くは、かなり収入がいいので、結婚相手と比較してしまいます。

では、600万円以上稼いでいる男性はどれだけいるでしょうか？　いろんなメディアのアンケートでは、結婚適齢期の未婚男性で2割もいないようです。東京在住の結婚適齢期（25～34歳）の独身男性の場合、平均年収が600万円以上ある人の割合はわずか3・5％です（図1）。

そして、年収が高い男性は、早めに結婚している場合が多いのです（図2）。

結婚相手に経済力を求めることは、少ない相手をめぐっての女性同士の戦いと言えます。勝ち抜くためには、ご自身の魅力を上げる努力と、出会いを増やす努力が必要なのです。

では、男性で経済力がない、または自信がない方は、結婚できないのでしょうか？　そうではありません。世の中を見渡せば、経済力がない男性でも多くの方が結婚しています。そういう方々は、「経済力」が少ないことを補える「コミュニケーション力」をもっている場合が多いのです。経済力抜きでお互いが認め合える等身大のパートナーと巡り会い、結婚まで至ったのでしょう。

いま結婚に近い男性は、「経済力」をもっているかどうかです。でもそれより重要なものが「コミュニケーション力」です。両方備えた男性を、結婚相手として女性は求めます。

男性が真剣に結婚を目指すなら、この2つをいまよりレベルアップする努力が必要なのです。

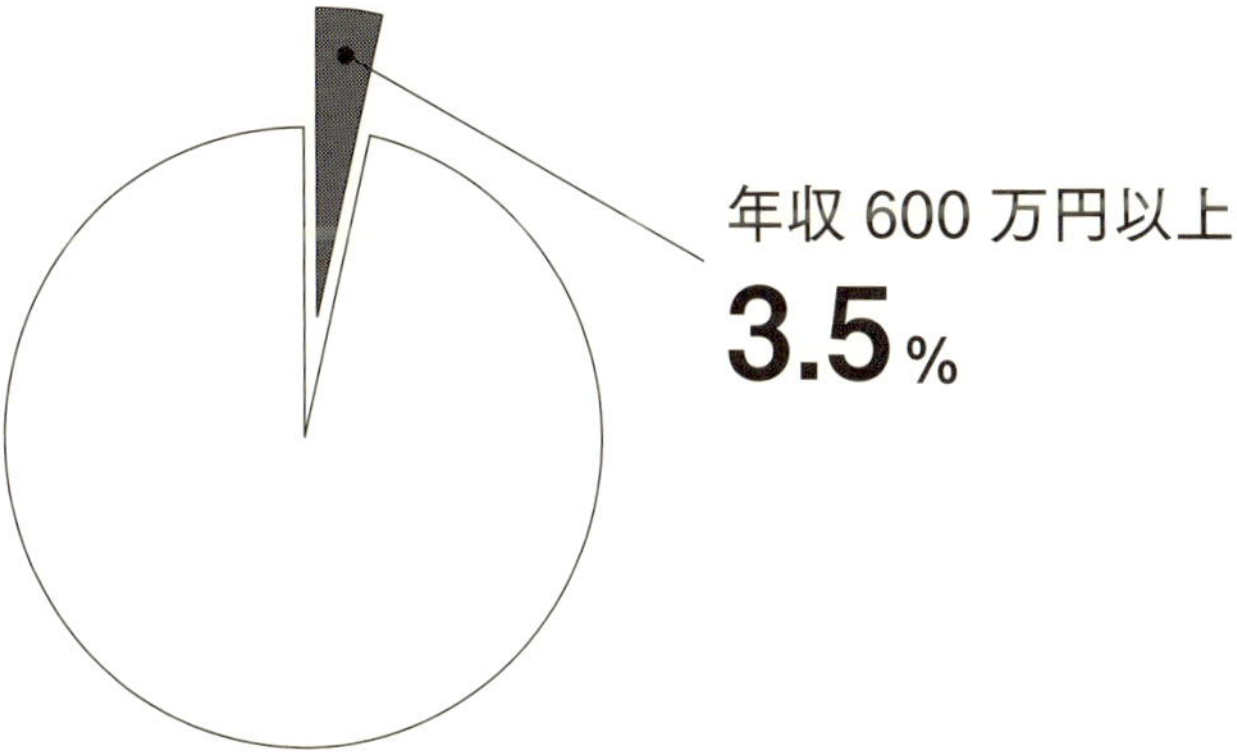

図1：結婚適齢期の独身男性のうち平均年収が600万円以上の割合（東京在住25～34歳）
出所：山田昌弘「若者の将来設計における『子育てリスク』意識の研究」総合研究報告書

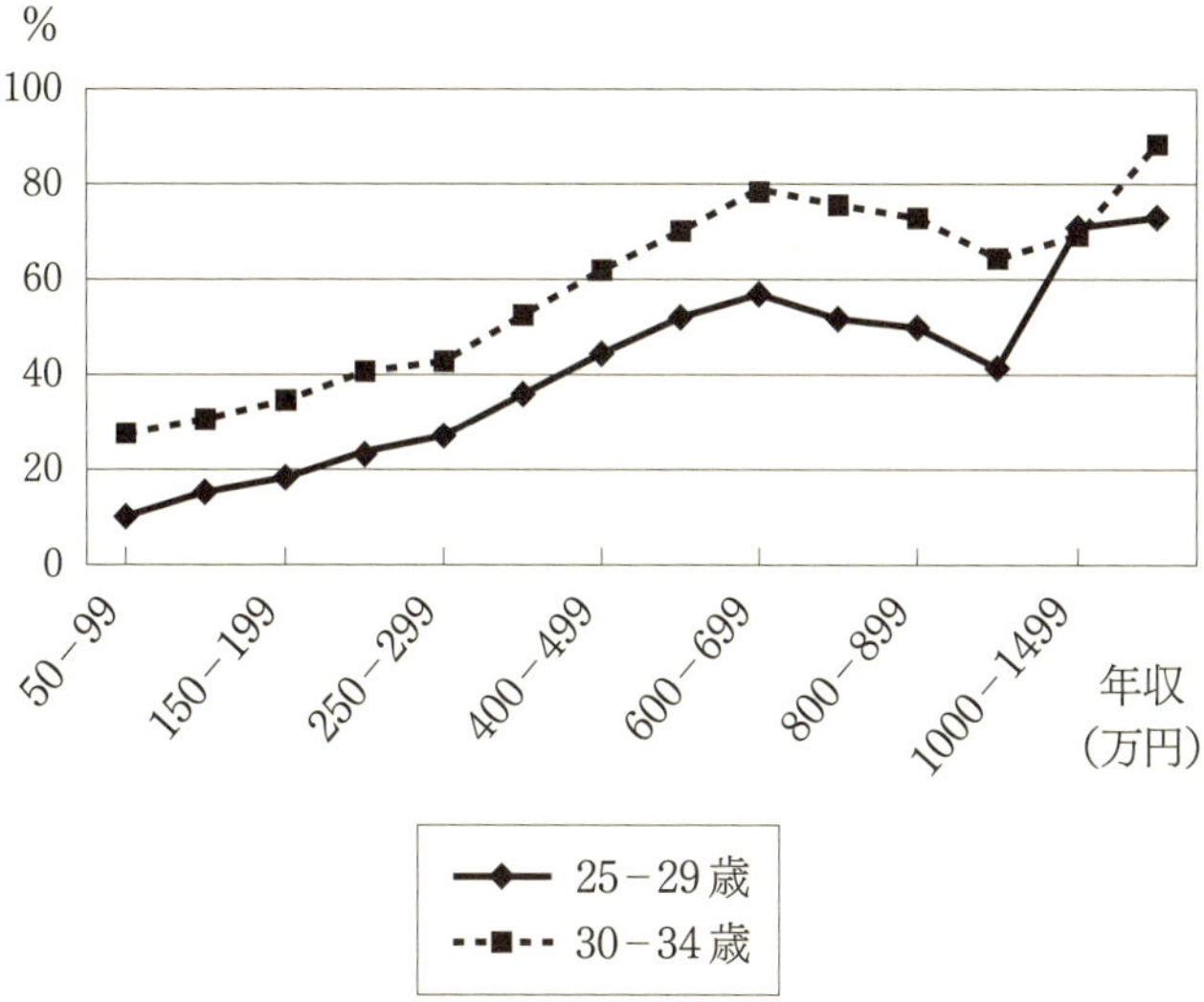

図2：男性の収入と既婚率（2002年）
出所：労働政策研究・研修機構

時間と婚活

私は生徒に、「最低半年間は真剣に婚活をしてください」と話しています。結婚したいと思っている割に、出会いでも魅力アップでも、簡単にあきらめる方が多いのです。

出会いパーティーに初めて行って、結果が出ないからと言ってすぐにあきらめる。合コンやお見合いを数回やっただけで、いい人がいないとあきらめる。

出会いは相手があることなので、簡単に結果が出るものではありません。**結婚を考えたら、半年や1年くらいの婚活期間を決め、お金と時間を使い、真剣に努力してみるものです。**

よく「仕事が忙しくて出会いがありません」という方がいます。仕事を理由にしたらいけません。では、仕事が暇になったら出会いをするのでしょうか？　来年仕事が暇になりますか？　おそらくずっと忙しいのです。**仕事ばかりしている人なら仕事を通じて出会いを作ってください。**寝る間を惜しんで出会いをしてください。

30代はいましかありません。40代はターゲットがもう少なくなっていますので、さらに動く必要があるのです。

あともう一つ、「すぐに誰かと付き合ってください」と生徒に話します。過去1年以上、誰とも付き合っていない方は危険信号です。出会いがないのではなく、動いていないだけかもしれません。異性と付き合うことに必要性がないのか、または真剣さが足りないのです。フリーでいる環境に慣れてしまい、いたずらに時が過ぎていきます。

また、フリーが長いと異性と接する感覚が鈍り、タイミングやチャンスを逃してしまいます。つねに異性と触れ合う環境を作っていかなければなりません。

結婚を決意するときとは

多くの方が結婚を考えるときは、次の2つかもしれません。

自分の人生の中で、これまでの一人の状態でなく、パートナーをもって新たな家族を作りたいと考え、相手を探そうと行動する。または、この相手とこれからも一緒に暮らしていきたい、残りの人生を共に歩いていきたいと思える相手に巡り会えたことにより、結婚に進んでいく。

まず結婚ありきでも、結婚したい相手に巡り会えたとしても、パートナーとなる相手とあなたが、お互いにこれからの人生をどうしていくのか？　どうすればよいのかを考えることが大事だと思います。焦りや成り行きでパートナーを決めて進んでしまうと、これからのいくつもの人生の障害や変化に耐えられないかもしれません。

生徒の中に離婚経験者が何人かおられます。話を聞くと、相手のことが十分にわからないまま進んでしまったり、結婚は残りの人生のパートナーを決めることという認識がないまま決めてしまったなど、いま思えばもっと深く考えたらよかったと思うような結婚だったようです。

結婚はこれまでの恋人同士よりも、お互いのことがさらに深くわかります。24時間一緒に過ごすようなものです。残念な結果になるのは、まだお互い見えていなかった部分が結婚により見えてきて、それがお互いに合わなくなってしまったからでしょう。

結婚は、お互いの価値観をすり合わせる必要があるのです。完全に一致することはないのですが、どれだけ一致する部分を作っていくかが重要で、根本が違えば大変苦労します。結婚を決意する前に、お互いがそれを見極めることができるかどうかです。

見極めるためには、もっとお互いの距離を縮めて、相手のことを知る、自分のことを伝えるコミュニケーションを深めることが必要です。

その相手との結婚を迷ったり決められないのは、まだコミュニケーションが足らないのでしょう。

結婚は人生のパートナーを決める瞬間です。自分を飾らず隠さずに、いい部分も悪い部分もお互い出し合って、ぶつかってみることをお勧めします。あなたが今後も成長できる可能性のある相手を選んでください。人生設計を立て、それを理解してくれるパートナーを選んでください。

ただ、幸せを相手に期待してはいけないし、求めてはいけません。あなた自身が充実した人生を歩むのです。そこに相手が共にいるかどうかです。人生はあなたが決めるのです。

足りないものをお互いに補える相手、同じ価値をもって惹かれあう相手、これからの人生という協同作品を二人で作る相手と、これ以上の人とはもう出会えないという出会いで巡り会っていただきたいです。

マーケティング婚

婚活で成果が出ている方は、マーケティングがしっかりできていると言えます。それは「自分」という商品を理解し、それを売り込む「相手」の分析や絞り込み、対策ができており、「結婚」という目標に確実に近づいているのです。無駄のない動きが、この時間が限られているといえる婚活では重要になり、自らよりよいパートナーを確実に引き寄せていると言えます。

反対に成果が出にくい方は、自分を磨くことを意識せず、相手への希望や願望が漠然としがちです。実際どのように自分を売っていけばよいかや、どうすれば相手が買ってくれるのか、ニーズはどうなのかを理解していないため、目標へ近づかないのではと思います。

マーケティングを婚活に意図的に取り入れているか、無意識かは人それぞれですが、限られた出会いと時間では、マーケティングの手法が有効です。

例えば女性の場合、「美しさ」「可愛らしさ」「やさしさ」「明るさ」など、自分のキャラクターをどのように磨き、誰に売っていくかの対策を立ててはいかがでしょうか。男性も同じです。ニーズは実際市場調査をしなければなりません。これは日頃から異性とたくさん接することです。

どこに自分に合った相手がいるかを考えて動くことにより、早く意中のパートナーと出会える確率も上がるのです。

一度じっくり対策や計画を立てることをお勧めします。目標(結婚)に向けての意識や行動がともなわないと結果が出にくいのは、ビジネスでも出会いでも一緒のことではないでしょうか。

いま世間では「結婚活動」を略して、「婚活」という言葉を使うことが一般的になっています。「婚活」は中央大学文学部教授の山田昌弘先生が作られた造語です。いま結婚するためには、就職活動（就活）のエネルギーと同じくらい「結婚活動」に力を注ぐことが必要になっています。昔と違い「婚活」しなければ、結婚がしにくくなっている時代になったのです。『「婚活」時代』（ディスカヴァー・トゥエンティワン刊）という本が、山田昌弘先生と、白河桃子さん（少子化ジャーナリスト）の共著で出版されています。「婚活」の計画を立てるために、お読みになることをお勧めします。

いまどきの結婚適齢期と出会い戦略

よく取材の記者さんや生徒から、いまの結婚適齢期はいくつくらいですか？　30代後半ですがまだ大丈夫ですか？　などの質問をもらいます。親の時代は、30歳前後までに9割程度が結婚しました。いまはどんどん晩婚化し、30代前半で約半分の男性が未婚、女性も3割以上が未婚の現状です。男女ともに四大卒が増え、社会に出る年齢が高くなり、個人の自由なライフスタイルが当たり前の世の中では、結婚を考える年齢が昔より遅くなってしまうのは仕方がないかもしれません。

結婚活動の現場では、男性は35歳前後、女性は30歳前後が、一番結婚に近いのではないかと感じます。20代の男性は、経済的にも自分を優先しがちなこともあって、まだまだ結婚を考えることができないケースが多いと思います。彼女がいても、できちゃった婚以外は結婚を先延ばしにする傾向です。30代半ば頃になって、出会いの減少や親のこと将来のことなどを考え、結婚を意識しだすのではないでしょうか。

一方、女性は男性とは出産という点で状況が違ってきます。よって女性は30歳前後で動きだす方が多いのです。本当は男性も子供についてもっと考えるべきだと思いますが、女性より意識するのは遅くなるようです。

皆が年齢で結婚を決意するわけではなく、結婚したいときが結婚適齢期かもしれませんが、結婚と年齢は皆さんが考えている以上に関連してくるのです。**年齢を重ねればご自身が思っているほどには成果が出なくなるため、出会いで成功す**

る確率を上げる努力が必要になってきます。

では、年齢によってどれだけ結婚できる確率が変わってくるのでしょうか？

その前に、未婚率のデータを見てみます。未婚率とは、5年ごとに実施される国勢調査のデータで、全国で未婚者がどのくらいいるのかがわかります。2005年の調査では、男性30代前半は47・1％が未婚で、女性30代前半は32・0％が未婚でした（図3と図4）。1970年頃の親の時代（団塊世代）は10％前後だったのに比べると、未婚化晩婚化は進んでいます。

この未婚率より期間結婚率というのがわかり、実際未婚者がどれだけ結婚しているのかを表しているのです。例えば、2000年に35～39歳だった未婚男性は25・7％いました。この人たちが5年後の2005年には、40～44歳になっています。その2005年の40～44歳の未婚率は22・0％です。これは2000年に30代後半だった未婚男性が、2005年までの5年間で25・7％から22・0％に減ったことになります。この差が5年間に結婚した確率（＝期間結婚率）となります。この場合わかりやすくすると、257人の30代後半未婚男性のうち、5年後も結婚していないのは220人です。結婚した37人は、257人の全体の14・

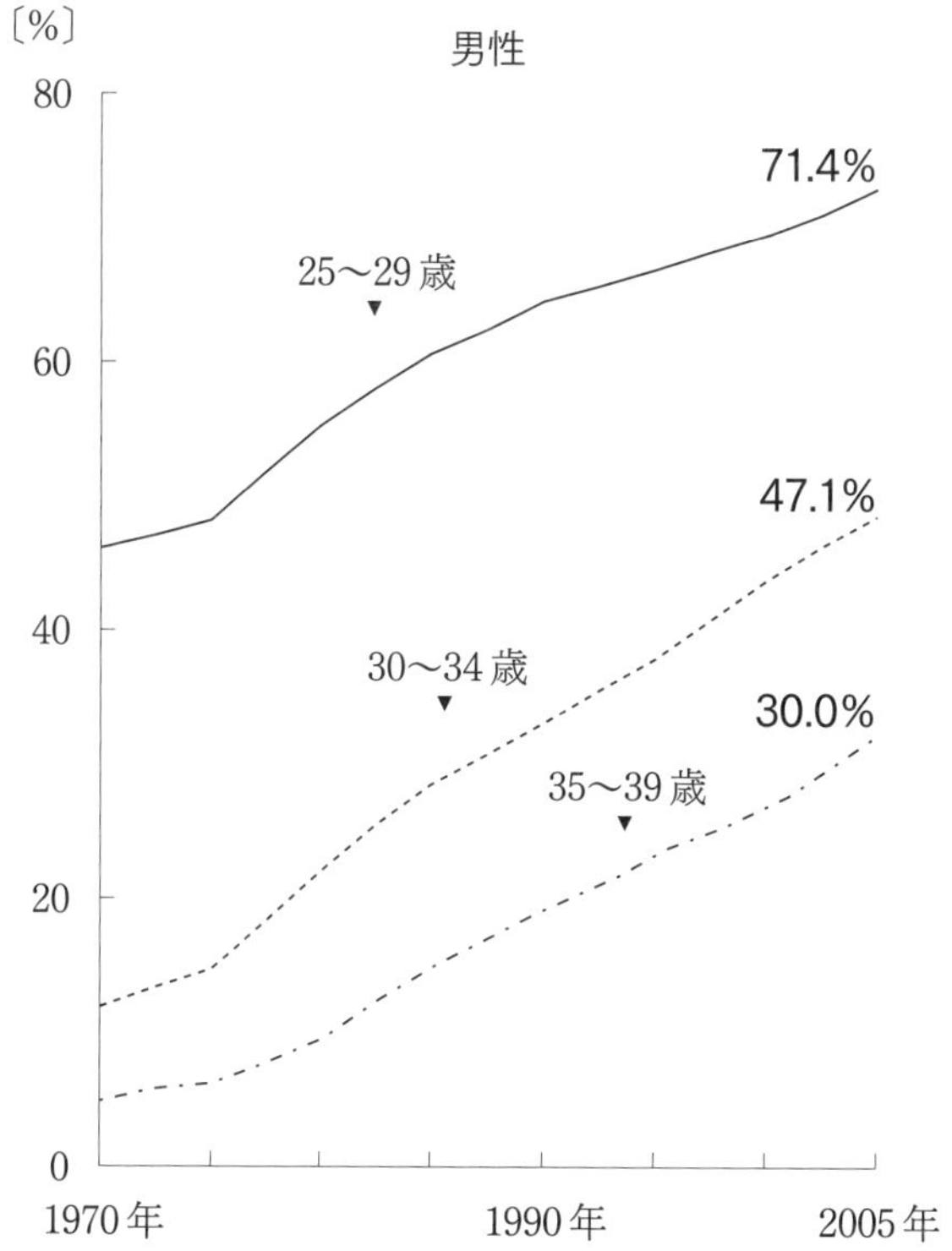

図3：男性　年齢階級（25～39歳）別未婚率の推移 全国（1970～2005年）
出所：国勢調査（2005年）

4%です。これは5年間ですので、よって30代後半男性が1年間のうち結婚できる確率は約3%なのです。同じ計算方法で他の年齢層をみると、40代前半男性では約1%。

30代後半女性では約2%、40代前半女性は約1%です。

ここに30代後半未婚男性100人に集まってもらったとします。今年結婚できる人はこの中で3人です。97人は来年も未婚のままなのです。30代後半女性なら今年結婚できる人は2人です。98人が来年も未婚となります。

私はこのデータを知ったとき、ビックリしました。現実はこんなにも結婚できていないのです。いま婚活されている方は、この事実を知っているでしょうか？いいえ、ほとんどの方は知らないと思います。わかっていたら、もっと多くの方が真剣に動いているはずです。いまの社会に流されると30代、40代未婚者の多くが結婚できない結果となります。

この期間結婚率から、年齢が高くなると結婚が遠くなることがわかります。30代後半未婚男性の100人中80人は、10年後の40代後半になっても結婚できていないと予想されます。30代後半未婚女性の場合は、100人中85人になります。

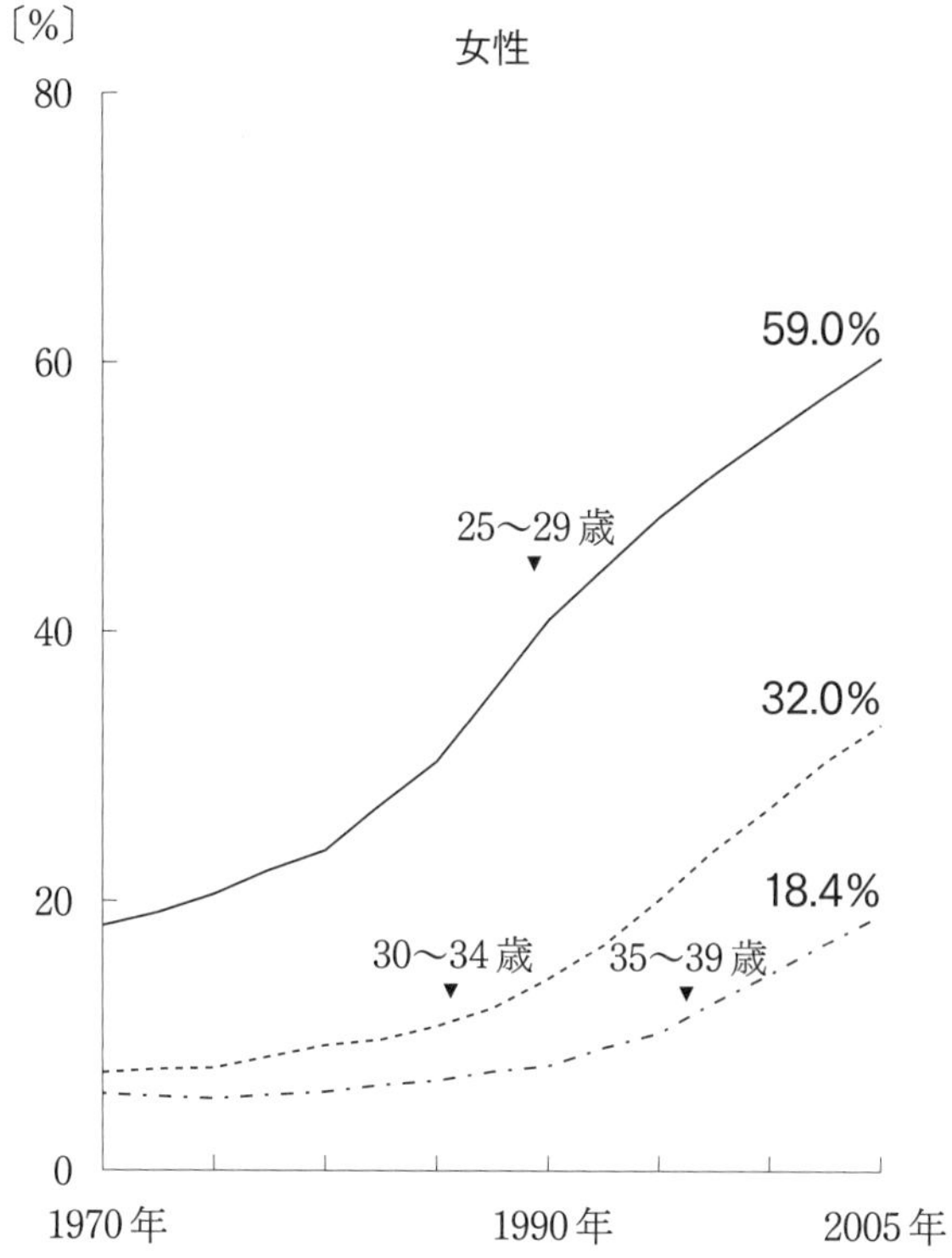

図4：女性　年齢階級（25～39歳）別未婚率の推移 全国（1970～2005年）
出所：国勢調査（2005年）

データからみると、未婚者にとって結婚することはとても難しいのが、いまの結婚事情です。この現実を多くの未婚者は知らないのです。この難しい状況のなかで結婚を目指すのなら、ご自身の努力と出会い戦略が必要になってきます。

ここで、生徒たちからよくある相談をあげてみます。

生徒Aさん（35歳女性）からの相談です。

同年代以上の未婚男性では、いい人がもういない気がすると言います。いいなぁって思う人は、趣味の仲間でも職場でもほとんどが既婚者です。たまの合コンでも出会いパーティーでも、いい出会いができなくて、正直焦っています。お見合いで40歳の方を紹介されましたが、女性とあまりお付き合いしたことがないようで、一日デートをして疲れてしまいましたと言うのです。友達のなかには、年下の男性のほうが、魅力的なのがまだまだ残っているって言うから、年下も期待しているんですが、どうでしょうか？　と。

最近は、このような相談は多いのです。私はこう答えました。

年を重ねた分だけ知識や教養を蓄え、ご自身が魅力的になっていく女性も多いと思いますが、**ご自身の年齢が上がるということは、理想の異性とのマッチングが難しくなっていくのです。**魅力的な異性はどんどん結婚して、対象者が少なくなっていきます。**魅力的な人が結婚する前に捕まえるのが、本当の実力だと思います。**

対象者が少なくなり、意中の相手と巡り会う確率が低くなるのですから、それ**を出会いの数と戦略でカバーすることが必要なのです。**

年下はまだ未婚者が多いですので、理想の相手が残っている可能性はありますが、その分ライバルが多いのです。自分より年下の女性たちも狙っているから、それに勝てる異性の魅力が必要と言えます。また、20代や30代前半の男性たちはまだまだ結婚を意識しにくい環境にいるので、なかなか進まない可能性もあるのです。

それでも年下の高スペックの男性をゲットするのなら、「とにかく出会いの数をかせぐ」「完成品を求めない」「少々物足りなくても自ら育てる」などの戦略が

大事になってくると思います。そこまで努力することができるかどうかです。

またライバルが多い分、自分はライバルの中でどの位置にいるのか、異性への魅力で負けていないかなどの自己分析と対策をしっかりやっておかないと、ただ動きまわるだけで、成果が得られないまま時間が過ぎていきます。

30代後半や40代でも、可能性がある男性はまだまだいます。そこでも出会いを作るのなら、先ほどの「出会いの数」「未完成品を狙う」「自ら育てる」という姿勢は有効です。

魅力的な相手と付き合うのなら、まずご自身を相手に見合うほどに磨くこと、そして日頃よりそういう方たちとコミュニケーションができる環境を作ることが大事です。彼女がいても既婚者でも、男友達としていつでも接することのできる状態を作り、彼らのわずかなフリーの期間に入り込むのがいい男を捕まえる方法なのです。

結婚相手を探すポイントは、「好き」も大事ですが、自分が結婚後「こう生きたい・こうなりたい」と望む人生を実現できる相手であるかを考えて動くことも重要です。この結婚によって、自分の夢や目標が実現でき、自分らしく生きられることのできる相手かどうかを意識する。そのためには自分自身がその相手に見合った存在になることを忘れないでください。

次に男性の生徒から多い相談をあげてみましょう。

生徒Bさん（42歳男性）は、若い女性と結婚をしたいと言うのです。

「もう何回もパーティーに参加しているし、お見合いなんて何百人も申し込みましたが、ことごとくダメなのです。会う前に断られるのが納得できません。子供は最低2人欲しいから、難しいと思っていても30代前半の女性を求めてしまうのです」

私はこう答えました。希望するパートナーとの年齢差が離れるほど、出会いで成果をあげることは難しいです。それは、年齢差によりお互いの環境やライフスタイルが違ってくるのではと容易に想像できるので、それよりも同年代を相手に求めるのは自然なことだと思います。

30代の女性たちの話を聞いても、40歳オーバーの男性は対象外になっているのが現実なのです。もちろん、女性の中でも年齢差がある方を好む場合や、医者や弁護士のように高スペックの場合は例外にとられることもあります。

年齢差を求めるなら、パーティーやお見合いなどのまず条件ありきの出会いだけでなく、趣味の集まりやコミュニティーでの出会いも並行して進めていかないと、出会いの確率は上がらないでしょう。また当然ライバルは多くなるので、40代男性は、30代女性をめぐって30代男性に勝てる異性の魅力が必要になってくるのです。

女性の年齢を気にして結婚活動を行っている男性は割と多いのですが、まず年齢ありきではうまくいかないと思います。そういう考え方を多くの女性は受け入れません。

お見合いでも交際中でも、その思考が男性の態度や行動に表れ、女性はするどく感じとるのです。「あなたは相手の年齢で結婚を決めるのか？　あなたは年齢でこれからの人生のパートナーを決めるのか？」と。

女性の立場に立って考えればそんな相手とパートナーは組めないとわかるのではないでしょうか。

では、具体的に「また会いたくなる人」（＝「人生のパートナー」）になるには、出会うためにはどうしたらよいでしょうか？

レッスン1から2人の男女の生徒の例を参考に具体的に説明していきましょう。

「恋愛・結婚キャリアカレッジ」登場人物紹介

結婚に焦りを感じ、勇気を振り絞って入学してきた、婚活への意欲満々のユミコさん。

そして、親の強い勧めで入学した、少しやる気のないアキヒロさん。

はたして2人に運命の相手は現れるでしょうか。

講師／大橋先生（恋愛・結婚キャリアカレッジ講師）

恋愛・結婚キャリアカレッジの校長で、人生を共にできるパートナーを見つけることが、自分の人生をさらに輝かせてくれることだと考えている。時に厳しいことも言うが、それはすべて、ここを訪れるすべての生徒への愛情のこもった言葉である。

生徒／タナカユミコさん（29歳）

恋人いない歴7年。彼氏と呼べた人は大学時代の彼が最後。大手メーカーで働くOL。世話好きで美人なのに、空気を読めない&しゃべりすぎのため、友達から本命彼女へ昇格しないのが悩み。少し猫背気味の姿勢や、オシャレに関心のなさそうなファッションやメイクが気になる。30歳になる前に結婚したいと思っている。

生徒／サトウアキヒロさん（33歳）

恋人いない歴10年。外見は普通なのに、なかなか彼女ができない引きこもり系システムエンジニア。内気な性格で、土日もたまに仕事。仕事以外は特に趣味もないので自宅で過ごす。年齢の割に外見も中身も子供っぽい印象。親の勧めで「恋愛・結婚キャリアカレッジ」の門をくぐった。

lesson

01

愛される基本

lecture

01 愛されるための基本

Q 「いい男が周りにいないんです！」（ユミコさん）

そろそろ30歳、結婚したいのですが、はっきり言って、いい男が周りにいないんです！　私は男運がないのでしょうか？　私よりかわいいと言えない友達にだって最近彼ができたみたいで、内心ちょっとショックなんですよね。

A 「あなたこそ選ばれる人ですか？」（大橋先生）

厳しいことを言いますが、「いい男」が周りにいないという前に、あなたは男性から見て「いい女」と自信をもって言えますか？　男性から選ばれていますか？　あなたが男性ならあなたと付き合いたいですか？

自問自答してください。

「いい女」になっていれば自然に光り輝き、いくらでも「いい男」が近寄ってきますよ。

男性も同じです。

いい男（女）が周りにいないとか、タイプでない人にばかりモテるという状態にいるということは、自分がそのレベル（ステージ　※61ページのコラム参照）にあるということです。人と人とは合わせ鏡です。自分と同じレベルの人としか付き合えないのかもしれません。

男性も女性も、自分と同じステージ以上の異性に好意をもち、アタックします。人の本能と言えるでしょう。

つまり自分の理想の人と「出会えない」、「付き合えない」と嘆く前に、自分がそのステージにいないということを嘆くべきかもしれません。

いま近寄ってくる男性のレベルに満足せず、理想の人と出会いたいのであれば、これから説明する10の「愛される基本」をクリアして、自分の基礎部分を磨いてください。そうすればきっと「オーラ」が出て、「ステージ」も自然にアップしてきますよ。

もっと自分が魅力的になってレベルが上がれば、もっと素敵な人と巡り会え、もっと素晴らしい恋愛ができますよ。

「愛される基本」チェックポイント

これは男女ともに、ぜひチェックしてもらいたい基本的なことです。

1 小さな幸せ感じていますか？
2 笑顔できていますか？
3 ちゃんと挨拶できていますか？

4 周りに迷惑をかけていませんか？
5 自分から心を開いていますか？
6 人の長所を見ることはできていますか？
7 感謝の心をもっていますか？
8 TPOにあった身だしなみをしていますか？
9 自分の姿勢、歩いているところを見たことありますか？
10 ことば遣い・メールの文章に自信ありますか？

1　小さな幸せ感じていますか？

あなたは幸せを感じるのはいつですか？　何をしているときですか？　誰と一緒のときですか？　愛されるためには幸せに敏感でなくてはなりません。

以前、生徒の女性で、何事にもすぐに不満をもってしまう方がいました。

その方は、仕事でも世の中のことに対しても、いつも文句が先に出てきます。周りの人たちは、一応彼女の発言に同調しますが、本当はいい気分ではないのかもしれません。

彼女は不平不満が多いので、日頃よりあまり幸せを感じたことがありません。そして、「何で私って不幸なんだろう？　うまくいかないわぁ〜」という言葉が常なのです。

幸せは人が与えてくれるものではなく、自ら作るものです。そして感じるものです。日常のちょっとしたことでも、幸せにとらえられる方が愛されるのです。

幸せな方とコミュニケーションしたほうが、自分も幸せになれる気がするし、実際その可能性が高いでしょう。単純なことです。

「今日のご飯おいしかった！」
「いい天気で気持ちいい！」
「早起きできてラッキー！」

何でもいいので、自ら小さな幸せを積極的に感じてください。

ある生徒の方に、小さな幸せを感じたら「幸せ貯金」をする方がいました。幸せの回数分、500円玉を貯金箱に入れていくのです。彼女はそれが貯まったら、友人や親と素敵なレストランに行って、さらに幸せを感じるのです。

結婚を意識している女性で、「いまの彼と結婚しても幸せになれるとは思えません」という発言を聞いたことがあります。

相手に幸せにしてもらおうと考える前に、相手と一緒に幸せになろうという考えをもてるあなたでないと、幸せにしてくれる方とはなかなか出会えないと思います。

2　笑顔できていますか？

あなたは毎日笑顔を意識して生活していますか？

笑顔には自然に出る笑顔と自ら意識して出る笑顔があります。自然に出るものは、赤ちゃんの笑顔やお笑い番組を見ているときなどの笑顔です。意識して出る笑顔は、飛行機の客室乗務員や営業マンなどの笑顔です。

愛される方は笑顔が多いです。そうでない方は笑顔が少ないのです。笑顔が多いと相手に安心感を与え、よりコミュニケーションが深まります。結果的に愛されるようになるのです。

皆さん、笑顔はできます。ただ、それが多いか少ないかです。いい笑顔か普通の笑顔かです。また、あなたが笑顔かどうかは、自分が決めるわけではありません。相手が決めるのです。笑顔をしていても、本当は相手には伝わらない不十分な笑顔かもしれないのです。

先日、飛行機に乗ることがありました。客室乗務員の女性は、私に笑顔を与えてくれました。そのとき私は、最高の笑顔と出会えたのです。笑顔をもらった私も幸せな気分になりました。

本当に心から愛される自分になりたいのなら、私はあなたに客室乗務員レベルの笑顔を求めます。たとえ、同じようなレベルの笑顔でなくても、意識だけはもって笑顔をしてください。目の前の相手に笑顔で接しようと意識してください。笑顔の出し惜しみはいけません。

3 ちゃんと挨拶できていますか？

挨拶はコミュニケーションの基本中の基本であり、相手とコミュニケーションしようとする最初の意思表示です。最初ができていないのに、どうして相手に愛されることができるでしょうか？

コミュニケーションにおいて重要な第一印象は、相手と会った瞬間の数秒で決まると言われています。その第一印象の一つに挨拶があるのです。

あなたが飲食店に行ったとき、店員の挨拶が不十分だとあなたはどう思いますか？　反対に元気よく笑顔で挨拶されたら、あなたはどういう気分ですか？　挨拶ひとつでお店への印象が変わるかもしれません。

日常生活のコミュニケーションも一緒です。挨拶によって相手のあなたに対する印象は変わってくるのです。恋愛のための出会いならなおさらでしょう。

顔見知りへの挨拶は面倒なものだし、適当にしていても済まされるかもしれません。そんな自分に慣れないでください。初対面の相手にも、知らず知らずに同じような挨拶をしてしまうかもしれないですよ。

初対面の相手への挨拶は、少しの勇気が必要かもしれません。これから大事な関係になるかもしれない相手です。恥ずかしがらずに、カッコつけずに、素直に挨拶をしましょう。

挨拶の基本は簡単です。元気・姿勢・目線です。

相手が気持ちよくなる元気さをもった言葉や、親しみをもてる態度、そして相手と目を合わせることが大切です。

4　周りに迷惑をかけていませんか？

今朝、地下鉄に乗っていたら、ヘッドホンから音楽が漏れている男性が横に座りました。本人は気持ちよく聞いているのですが、周りはハッキリ言って迷惑です。よく女性が電車の中でお化粧直しをしている場面も、これと同じように迷惑に思われます。

ここで重要なのは、本人はわざと周りに迷惑をかけているわけではありません。結果として無意識に迷惑をかけてしまっているのです。周りがどう思っているかを感じていないのです。

完璧な人を目指すことは難しいと思いますが、少しでも周りに気を配りながら日常を送れる方は、愛されることが多くなります。

5　自分から心を開いていますか？

私はこれまでパーティーやお見合いなどで、たくさんの男女の出会いを見てきましたが、成功していない方の多くは、浅いコミュニケーションでとどまっています。出会って簡単な自己紹介、世間話、お互いの内面にあまり踏み込まず、まるで初対面の営業マンとお客さんの会話です。

初対面同士なので警戒していたり、自分をあまり出さなくなりがちなのはわかりますが、お互いが深くならないまま終わってしまうことが多いです。特に男女の出会いは、お互いのことを知るための深い話ができないと進みません。

出会いで成功しない方は、相手に心を開いていないので二人の関係が深まらないのです。自分がまず心を開いていないのに相手に開かせるのは難しいでしょう。まず少し開いてみてください。相手も開いてくれたら自分もさらに開いていきましょう。

心を開くとは、自分の感情や気持ちや考えを素直に相手に伝えることだと思います。もちろん相手が不快になることを伝えることは、まだ人間関係ができていないときには避けたほうがよいでしょう。

自分の感情を伝えるには、まずは言葉を使うことだと思いますが、忘れがちなのがあなたの表情です。感情と表情が一致していないと、相手には伝わらないのです。出会いで成功していない方は、この表情が動いていません。自分が思っている以上にです。

これまで初対面の相手には、少し心を開いていなかったと思うのなら、今日から少し心の扉を開けてみてください。

6　人の長所を見ることはできていますか？

愛されない方の特徴として、日常に愚痴や不満をたくさんもっていることがあげられます。上司や友人の悪口などを他の方との会話で出してしまうのです。話している本人は悪口ではなく、自分のほうが正しいと思っているかもしれませんが、聞いている周りはそう感じずに、反論するわけでもなく、ただ同調するしかありません。聞いていても気分はあまりよくないのです。

どうして相手の欠点や短所、失敗を指摘するのでしょうか？　短所は目立つのでフォーカスされがちですが、人間みな長所短所があるはずです。あなたにも短所があるはずなのです。

「愛」とは許すことである、と言われます。短所があることを許し、長所をもっと見てあげるのです。「相手をほめる」とは、相手の長所を見つけているということです。

あなたがもっと愛されるには、まずあなたが先に周りの人の長所を見つけてあげることです。ほめてあげることです。そうすると相手もあなたの長所を見つけてくれて、愛してくれるようになります。

7　感謝の心をもっていますか？

あなたは日常生活で、「感謝」ということを考えたことがあるでしょうか？目の前の相手に感謝するだけでなく、いま生きていること、幸せであることに対して感謝しているでしょうか？

いまの状態が当たり前であり、生きていることが当然であるという感覚では、より愛される自分を創ることはできないと思います。

生まれてきたのもここまで育ってきたのも、親や家族がいたからです。いま便利な世の中を享受できるのも、私たちの先祖や努力して創ってきた人たちのおかげなのです。

「ありがとう」という気持ちをもって、周りと常に接している人は愛されます。「感謝」とは、相手が私と関わってくれることへの御礼なのです。相手の存在を認めることです。あなたが感謝すると、相手もあなたに感謝をしてくれるようになります。

あなたの日常で、感謝することがどれだけあるか考えてみてください。そして忘れがちな「感謝」の心をもってみてください。

8 TPOにあった身だしなみをしていますか？

身だしなみは、あなたの自己表現です。服やカバン、お化粧、身につけているものすべてがあなたを表しています。奇抜な身だしなみは、あなたが奇抜であることを表しています。清楚な身だしなみは、あなたが清楚であるということを表しているのです。それを周りの人たちは感じ取ります。どういうふうに見えるかによって、あなたへの対応も変わってくるのです。

そして判断するのは相手次第で、すべて相手が決めるのです。

以前、男女出会いパーティーにジャージ姿で来る男性がいたと聞いたことがあります。女性目線では考えられないことです。周りはジャージ姿を見ただけで、その方とコミュニケーションを避けることになるでしょう。

この場面が、体育館などでスポーツをする前なら違和感がないかもしれません。ジャージ姿がTPO（時間・場所・場合）に合っていないのです。

身だしなみによって、相手があなたに感じることはさまざまですが、常識的な身だしなみをTPOで表現できる方は、多くの方とスムーズにコミュニケーションができるのです。

身だしなみは相手を不快にしないためのマナーです。ご自身の身だしなみやTPOでの使い分けをチェックしてみてください。身だしなみを心得るとあなたはさらに愛されるようになります。

9　自分の姿勢、歩いているところを見たことありますか？

自分の姿勢を見たことがありますか？　歩いているその姿はどうでしょうか？　キレイですか？　カッコいいですか？　清楚ですか？

姿勢なんて、就職活動の面接でしか意識したことがないかもしれません。オフィス街をさっそうと歩くビジネスマンやキレイに見える姿勢のモデルなど、姿勢だけで相手に好感をもたせることは可能です。あなたの姿勢はいかがでしょうか？　どんな相手でも好感をもってくれますか？

大事なのは自分の姿勢は日常周りに見られているという意識です。人間、油断すると楽な姿勢をとろうとします。気の緩んだ姿勢は、友人や家族なら許されるかもしれませんが、初対面の相手はどう感じるかはわかりません。

相手が好感をもってくれそうな姿勢や歩き方を、日頃から意識しながら、自分の姿を確認してください。

では、いい姿勢にするためにはどうすればよいか？　簡単です。姿勢のいい人を真似てください。タレントでも周りの知人でもいいです。あなたも周りも、あの人はいい姿勢だ、カッコいい歩き方だと思ったら、真似ることから入るのです。

10　ことば遣い・メールの文章に自信ありますか？

コミュニケーションをするためには、相手と言葉を交わすことが必要です。会話は話し言葉であり、メールなどは書き言葉です。方法は異なりますが、相手と気持ちを伝え合うことは同じなのです。

相手が聞いて心地よい「ことば遣い」や「文章」を使うことは、コミュニケーションの上でも重要になってきます。

特に初対面では、「ことば遣い」や「文章」によって相手のあなたに対する第一印象が変わってくるからです。表情がよくても「ことば遣い」が悪ければ、相手の印象は悪くなるでしょう。

容姿がよくても、メールの内容がいまいちなら、これも印象はいいとは思えません。

「ことば遣い」はもう一人のあなたです。

メールの文章は、あなた自身なのです。より愛される自分を作るためには、注意しなければなりません。

column

恋愛・結婚のステージについて

ここでいうステージとは、その人の恋愛・結婚における市場価値のことです。異性が求める魅力の高さと言えます。

容姿、学歴、収入、家柄だけでなく、教養、経済観念、ものごとの考え方、コミュニケーション力、柔軟性、優しさ、思いやりなど、さまざまな要素の総合評価です。人間力と言えると思います。

また、環境やライフスタイルの違いとも言えます。違いをはっきりと数値で表せるものもありますが、いわゆる感覚の判断が大きい部分もあります。

当然ステージが高い人ほど異性にモテます。

ステージは異性が評価するのです。

通常、人は自分よりも上のステージにいる人を理想的だと思っています。

学生時代からたくさん恋愛してきた人は、そのステージを実体験により体得できるため、結婚したいときにはお互いに無理しない関係の恋人をゲットし、順調に結婚に進むことができます。

逆に恋愛経験の少ない人や、まったくない人は、相手とのステージ関係を感じることができないため、いつまで経っても恋人を作ることができないのです。

相手のステージが高すぎれば、文字通り「高嶺の花」ということにもなりますが、自分を少し変えるだけで相手のステージに上がることは、そう難しくはないのです。

婚活を成功させる方法は、まず自分のステージを認識して、同じステージの異性を探すことです。

うまくいっていない方の特徴としては、自分のことを過大評価し、自分のステージを上げる努力や意識もなく、自分より高いステージの異性を求めています。

異性にどう評価されているのか気づいていないのです。よりステージの高い相手を求めるには、それに見合うランクアップが必要になります。

いまの恋愛・結婚事情では、市場価値が高いステージＡ・Ｂに未婚女性が多く、市場価値が低いステージＣ・Ｄは少ないです。逆に未婚男性は、市場価値が高い高スペックのステージＡ・Ｂは少なく、ステージＣ・Ｄが多いと感じています。

よって、女性の場合、高スペックのステージＡ・Ｂの男性を求めて女性が

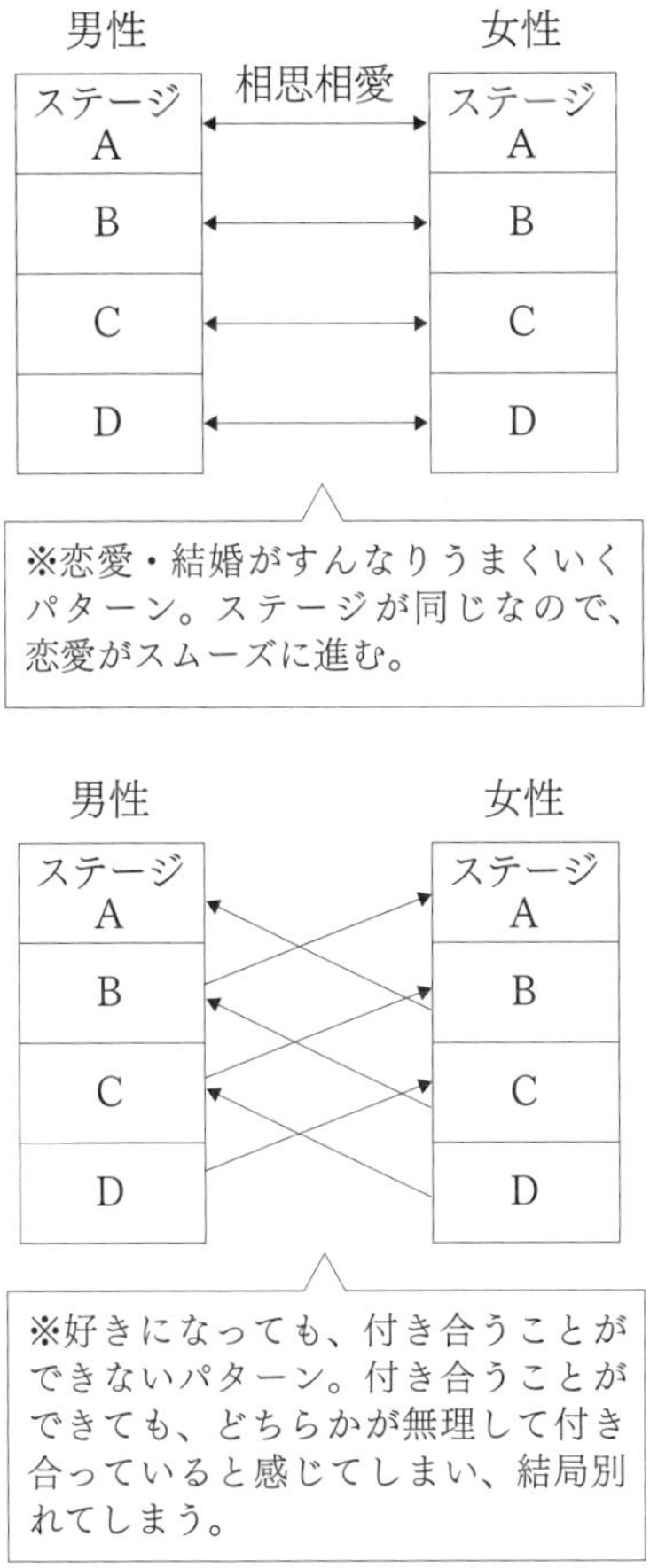

男と女の恋愛と結婚のステージ（市場価値）

動いても、もともと数が少ないのですから、なかなか巡り会えないのが現実です。

ステージC・Dの男性は、ステージB以上の女性を求めるものですが、ステージA・Bの女性からは相手にされません。

この理想と現実のズレが、男女のマッチングを難しくしているのです。

男も女も、本気で結婚したいなら、選ばれるための努力が必要ということです。

lesson

02

外見を磨く

lecture

02

外見力を高める基本

Q 「中身が大事だと思います」（アキヒロさん）

人は外見じゃなくて中身が重要です。特に男は中身が大事だって思うんです。だから相手を外見で判断するような女性は信用できないし、興味もわかないです。

いまの自分を受け入れてくれる、いつも笑顔で癒してくれる女性といつか出会えたら、結婚してもいいかなと思うことはあります。

わざわざ自分を変えてまで出会いを求めるのは、ちょっと違うのではと思います。いまのこのままの自分に合った女性と巡り会えたらって考えます。

Ⓐ「外見は中身を物語るのです」（大橋先生）

ちょっと待ってくださいアキヒロさん。

ちょっとメタボ気味のおなか、シャツをズボンの上に出したダボッとした服装、寝癖が残っている髪が気になりますね。

男が外見を気にするなんてカッコ悪い、外見で人を判断する女性なんてお断りと思っているのですね。でも「外見」はあなたの「内面」を物語っている鏡なのですよ。**特に男女の出会いで重要なのが、「外見」＝「内面」という式が当てはまることが多いということです。**

本気で素敵な女性と出会って結婚したいなら、**「自分を商品」だと自覚し、商品価値をさらに高める工夫をしないといけないことを肝に銘じてください。**

ちょっと厳しい言い方かもしれませんが、いまのままの自分で理想の相手と巡り会えるのなら、とっくに結果が出ているはずです。これまで何人の女性とお付き合いしましたか？　どれだけ女友達がいましたか？　昨年1年間で彼女ができなかったら、今年もできない可能性が高いのです。昨年売れない商品が、何もしないで今年売れるはずがありません。ご自身の環境と意識と行動を変えないと結果がでないのです。

ありのままの自分を受け入れてくれる相手と巡り会えるのは理想です。では、そのような相手がこの世の中に何人いるでしょうか？　いつ会えるでしょう？

これから説明する6つの「外見力を高める基本」をクリアして、自分をもっと磨いてください。これは男女ともに共通します。

第一印象がいいと中身を見たいと思う

あなたが人と初めて出会ったとき、相手に対して「素敵な人」「いい人」「あまり仲良くしたくない人」「話が合わなさそう」と自然に思うのはなぜでしょうか？

これがいわゆる第一印象と言われるもので、「表情」「服装」「体格」など、見た目がそれを決定します。そして、人と会って0・6秒とか3秒で決まると言われるほど瞬時に判断しています。

人は第一印象がいい人とコミュニケーションをし、悪い人とは避けようとします。これは男女の出会いだけでなく、子供も大人もすべての人に当てはまります。「私は人を中身で判断します！」と言っている方も、本当は無意識のうちに第一印象で決めていることが多いのです。

特に初対面であればなおさら第一印象が大事です。男女の出会いでは特に第一印象なのです。第一印象がよくないと次のコミュニケーションがないのです。あなたの中身まで見てくれないことになります。

たまに、自分は第一印象が悪くないと思っている方もいます。第一印象は自分が決めるわけではありません。相手が決めるのです。しかも相手によって評価は異なります。相手があなたを見て「NO」なら、あなたがいくらいいと思っていても「NO」なのです。

以前、講座で笑顔の練習をしました。生徒の皆さんに笑ってもらったのですが、私は一人の方に「もっと笑ってください」と指摘しました。その方は、「笑っています!!」と怒りながら答えました。でもその方は笑っているとは言えません。それは、私がその方を見て笑っていないと思ったら、その方がなんと言おうと私とのコミュニケーションでは笑っていないからです。第一印象は相手が決めるのです。

アキヒロさんのように、男性の中には「第一印象」より「中身」が大事だと考えている方が多いです。「中身」が大事なのは当然なことです。ただ「第一印象」を相手が悪いと決めたら、いくら「中身」がよくても見てくれないことになるため、出会いではとても損をすることになります。**「第一印象」がよくなればなるほど、相手はあなたの「中身」を見たいと思うのです。**

次の「外見力を高める基本」は、男女ともに第一印象をよくするための基本です。

外見力を高める基本　6ヵ条

1 服装　服装に関心をもち、自分を高める服を着ている

2 体型　太りすぎ、痩せすぎていない（自己管理ができている）
3 ヘアスタイル　自分に似合うヘアスタイルを知っている
4 姿勢　背筋がいつもすっと伸びている。伸びている人は人をひきつける
5 表情　にこやかな笑顔ができる
6 清潔感　体臭、口臭などはもっとも相手が嫌がるもの

1 服装　服装に関心をもち、自分を高める服を着ている

私はこれまで何千人もの結婚できない未婚者と会ってきましたが、その中で恋愛経験が少ない方の特徴は、ずばり「服装」の悪さです。生活の基本である「衣・食・住」の「衣」の部分を重要視していません。これは男女ともにです。特に男性が多く、服装に関心がない方は、出会いもあまり成功していません。

服装に関心がない方は、服装の大切さを知らないのです。これまでの人生のなかで服装をよくするためのキッカケがなかったのかもしれません。

人は皆、最初は裸で生まれてきます。親が服を買って着せてくれるため、親との家庭環境でまず服装の感覚が違ってきます。親が服装に関心があれば、その子供も自然と関心が深まってきます。家庭環境だけでなく、友人環境でも服装の感覚は違ってきます。「不良」と呼ばれる方々も特徴ある服を着ています。あれは友人たちの影響かもしれません。

また思春期などで恋心をもったり、異性にモテようと意識したら服装が変わりだします。もっと自分をカッコよく、オシャレに見せて、異性の気を引こうとするのです。恋愛経験が増えれば、自分をよく見せようと服装の感覚は洗練されていきます。その反対にあまり異性に関心がない方は、服装に対する感覚は鈍り、これまでの環境の服装を引きずり、流行が変わっても同じような服装をしているのです。

「服装」をもっと重視してください。服装とは、服だけでなく靴やカバン、メガネなど身につけているものすべてです。

服装で第一印象は大きく変わりますし、相手はまずあなたの服装を見ていきます。服装によって、この相手と今後コミュニケーションをするかを一瞬に判断しているのです。「服装」を見てから「内面」に入るのです。

例えば地下鉄に乗っているとき、いかにも暴力団風の服装をしている方には近づこうとは思いません。でも本当はとても優しい方かもしれませんし、そのような職業でないかもしれません。もし私がホテルのフロントマンなら、お客様がどういった方かは服装で決めるでしょう。「服装」はその人のライフスタイルを表しています。初対面の出会いは、相手を服装などの外見で判断しているのです。

お見合いや出会いパーティーで成果が出ていない方も、服装で損をしています。

そういう方の服装の特徴は、

① 古い
② 安い
③ センスが悪い

の3つです。

① 古い

あなたは何年前に買った服を着ていますか？　靴は？

相手に好印象を与えられない方は、総じて服装が古いです。

特に服に関心がない男性は、体型が変わらない・服が破れない・汚れないかぎりは、同じ服を何度でも着ます。

新しく買うことはあまりありません。服装に関心がないので当然といえば当然です。そうすると着ている服は、自然と古いものになっていきます。

「服装」は流行です。古いものを着ていると、流行に敏感でなく、新しいものをとらえる人ではないと思われます。女性が出会いの場で、古い服の男性を見ると、とてもこの人とデートをして付き合っても、楽しいとは期待できないと感じるでしょう。

お見合いで何度も失敗してきた男性に私は会いました。やはり服装はいまいちです。お見合い相手の女性たちは、あなたの服装でまず期待感を失います。相手はこの場にその服を着てくるあなたを見ているのです。女性の立場からすると、その服ではこの男はなんて失礼なんだと感じるかもしれません。私はそれだけの価値なの？　と思うのです。

失敗している女性も同じです。男性は魅力的な女性に期待をもちます。まず外見なのです。古い服装は失敗するケースが多いです。

それではどうすればいいでしょうか？　とても簡単です。自分の魅力を高め、相手により好印象をもってもらおうとするなら、新しい服装にすることです。女性は、気になった異性の服装や持ち物をチェックする習慣があるものです。でも、ファッションセンスは一日で磨かれるものではありません。そこで、センスがない人はどうすればよいか？

私は男性の生徒にハッキリ言います。気になった人や異性と初めて会うときは、今シーズン買った服を着てください。靴もカバンもです。見えるものすべてです。何を買っていいかわからなければ、ショップの店員の方にコーディネートしてもらうのです。とても簡単なことですが、出会いに成功しない方の多くは実行していません。ファッションは流行なのです。自分の服装をチェックしてみてください。

新しいものは気持ちいいです。着ている人も、それを見ている人もです。相手に対して気持ちよくなってもらうために、新しい服装をしてください。ただ、「着物」のように古くても価値があることもあります。その点は誤解されないようにしてください。

② 安い

「服装」に関心がない方は、古いだけでなく安い服を着ています。価格が安いということはいいことだと思いますが、大事なのはその服装にどれだけコストがかかっているかです。価値があるかということです。

「服装」は、「デザイン・色・素材」でできています。いまあなたが異性に好印象をもたれるために服をよくするには、この「デザイン・色・素材」のレベルを上げることです。デザイン性のレベルが上がるとオシャレに見えますし、色のバリエーションがよくなるとファッション性が上がります。素材がよくなれば、着心地や見た目もよくなります。

では「デザイン・色・素材」を上げるためにはどうすればいいでしょうか？
簡単です。コストをかけることです。コストをかければすべてがよくなります。これは経済原理です。

男女の出会いで成功している方の多くは、デパートやファッションビルのショップレベルの服装を購入し、服装にコストをかけています。反対に成功していない方は、とにかく安い量販店レベルで済ませています。

こういう話をすると、「安い服でも彼女がいる人がいます」という声を聞きます。確かにそうです。でもその方はきっと服装以外の魅力が大きかったのです。あなたには服装がいまいちでも、それをもカバーするほどの異性への魅力が他にあるのでしょうか？

服装にもっとコストをかけてください。これまであまり関心がなかった方は、コストをかけることにより、これまでに比べて服装がよくなり、飛躍的によく見えるのです。

お金で解決できることは解決してください。初対面のコミュニケーションをよくするには、他にもたくさんの方法がありますが、服装はある程度のレベルのものを購入するだけですので、他の方法よりは極めて簡単です。例えば「会話」が苦手な方は、そんな簡単には解決できないのです。

③ センスが悪い

服装の「センス」は、これまでの人生の中で時間をかけて身につけてきたものです。よって、服装に関心がない、日頃より服装をよく見せる意識がない方の身につけているものが、周りから見てセンスが悪く見えるのは当然なことです。「服装のセンスがいい」と周りに言われるためには、時間がかかります。いい服を見分ける目はすぐには養えないのです。

ではどうすればいいでしょうか？　解決するのは簡単です。前項で挙げた、新しくてコストをかけた服装をすれば、本人にセンスがなくても解決できるのです。新しくてコストがかかっているものは、すでにファッションセンスが上がっています。

例えば、1000円のネクタイのワゴンセールがあります。1000円のネクタイの中から1万円に見えるネクタイを探すには、あなたのセンスがかなり要求されます。1000円のネクタイは経済的ですが、どうしてもデザイン性などが落ちてしまいます。センスがないのなら、初めから1万円のネクタイを買うべきです。自分をよりよく見せるために。

センスを上げるためには、服装の情報を日頃から得るようにしてください。ファッション情報誌を読んでください。ウインドーショッピングでもいいので、もっとショップに出掛けてください。

服装を悪くする3つの特徴を挙げましたが、あなたはいかがでしょうか？　服装はマナーです。結婚式にはこの服装、お葬式にはこの服装など社会ではある程度決まっています。同じように男女の出会いでも、相手の期待感に応える服装が大切なのです。

服装のレベルを上げると、自然にコミュニケーションがよくなります。いいものを身につけると自信がでてきて、コミュニケーションがスムーズになってくるのです。私の生徒は、「何か自分がモテるような気がしてきました」と話していました。また、周りの反応も違ってきます。特に異性からはあなたへの期待感が上がるでしょう。

これだけお話ししても服装を変えない方がいます。お話をしてみると、自分にはこんな服装は似合わないと決めてしまっている方もいます。ファッション雑誌はモデルだからオシャレに見えるんだと考える方もいます。

それはまるで「食わず嫌い」のようです。やらないうちにすでに自分に言い訳を用意して、できない理由を挙げているようにみえます。

私はこれまで「服装」を変えた方をたくさん見てきました。ビフォーアフターです。おじさんみたいだった男性が、服装を変えるだけでオシャレに見えます。ちょっと地味めに見えた女性が、魅力的に変わりました。

さあ今日からあなたの「服装」を見直しましょう。「服装」のレベルを上げることは、自身に投資するようなものなのです。異性からもっと愛されたい、もっと自分を魅力的にしたいのなら、服装にもっと意識をもってください。いまの自分はどうかをチェックしてください。恋愛を意識されているのなら、どうしてもっとご自身が異性によく見えるようにしないのですか？　一人で悩んでないで、ショップの店員などにも積極的にアプローチして、プロの力を借りましょう。自分をよく見せるためにどうしたらいいのか、もっと情報を仕入れましょう。

服装の中でポイントの一つは「靴」です。靴がカッコいい人、オシャレに見える方は、他のアイテムもいいものを身につけています。

人が歩いているとき、どの部分が一番動くでしょうか？　それは靴なのです。動いているものにはなぜか目がいってしまいます。歩いているときに一番動く靴に自然と目がいき、案外靴は大きく見えるのです。

外見で大きな割合を占める服装をよくしないと、よりよい出会いは期待できません。相手は中身まで見てくれないのです。

私のこれまで何千人と未婚者を見てきた経験で、出会いで成功するための一つの結論は、「服装」をよくすることです。これは自信をもって言えます。

2　体型　太りすぎ、痩せすぎていない
（自己管理ができている）

ここで誤解していただきたくないのは、太っていても痩せていても魅力的な方はこの世の中にたくさんいます。

それをキャラクターにして幸せな方もいるのです。

私が言いたいのは、なかなか異性との恋愛がうまくいかなかったり、あなたがいま以上に周りから愛されたいのなら、体型に関して、周りからマイナスイメージをもたれていないかを意識することです。マイナスイメージをもたれていると感じるなら、いますぐ変えるための努力が必要です。

男女の出会いの現場では、体型が一般的に標準値とされるものに入ってない方は苦労します。初対面の印象は、体型で大きく左右されるものです。

もちろん、太ってる異性が好き、すごく細身な異性が好みの方もいますが、かなり確率は低いのです。

ビジネスの世界では、体型がオーバー気味の方は自己管理ができていないと見

なされ、評価されないというのは広く知られたことです。男女の出会いでも同じことです。異性の評価を上げるためにご自身の体型を見直し、努力することを始めてください。

3　ヘアスタイル　自分に似合うヘアスタイルを知っている

ヘアスタイルは、服装と同じファッションの一部です。服装に意識がある方は、ヘアスタイルもよくしようとします。反対に服装が異性から評価されない方は、ヘアスタイルも評価されていないことが多いです。

ヘアスタイルで大事なチェックポイントは、あなたの髪を誰が切っているのかです。

私の生徒でこういう方がいました。生まれてから何十年も近所の床屋のおやじに切られているとのことです。

「そのおやじさんの年齢は？」と聞いたところ、もう60歳近くとのことです。私は彼のヘアスタイルを見て納得してしまいました。

年配の方にヘアスタイルをお願いすることが悪いとは言えませんが、あなたがいまヘアスタイルを異性に評価されたいのなら、60歳近くの方に切ってもらっても期待はあまりできません。それより、ファッション性を上げるためには、同世代以下のプロがいるそれなりのお店で髪を切ってもらうほうが期待できるのです。

プロと相談してあなたに似合うヘアスタイル、異性に評価されるヘアスタイルを追求してください。ヘアスタイルで初対面の印象は変わってきます。

薄毛の方は、それでも似合うスタイルを探してください。芸能人なら薄毛の方でも、カッコいい方はたくさんいます。

女性の場合は、その人の顔や雰囲気にヘアスタイルが合っているかが重要です。長い髪が好きな男性が多いからと、ロングにする女性もいますが、要は自分の顔やスタイルの雰囲気にヘアスタイルが合っていれば、だれでもよく見えるのです。

外見磨きは「婚活」の第一歩です

女性の視線に入りやすい外見事例。ツヤツヤでやわらかそうなヘアスタイル、清潔な服装、さわやかな表情などを目指しましょう

女性の視線に入りづらい外見事例。かたそうで無造作なヘアスタイル、安っぽくて古い服装、暗い表情などは、女性から興味をもたれません

4　姿勢　背筋がいつもすっと伸びている。伸びていると人をひきつける

出会いパーティーに参加した女性の感想で、よく姿勢の話がでます。「けっこう猫背の男性が多かった」とか「姿勢が悪くて落ち着かない感じの方がいた」などです。

姿勢はその方の性格・性質が表れます。自信がない方は、姿勢も自信がないように見えます。真面目な方は姿勢もちょっと固めです。元気な方は姿勢も元気一杯です。

初対面の相手はあなたの情報を少しでも入れようと、姿勢にも目を向けています。目の前の相手はチェックしやすいのですが、自分がどういう姿勢をしているかは意識が薄くなります。意識が薄い分、性格や日頃の状態がそのまま姿勢に現れてしまうのです。あとはその姿勢を相手がどう感じるかです。

一般的にいい姿勢といわれているのは、背筋がすっと伸びた姿です。モデルの方で猫背の姿は見たことがありません。すっと伸びた姿勢がその人の自信を表

し、相手もコミュニケーションしやすくなります。そして魅力的に見えて人をひきつけるのです。

姿勢をよくしたほうが魅力的に見えるのは、すごく当たり前のことですが、男女の出会いで成功していない方は実行できていません。男女ともにです。

出会いパーティーを見学したとき、姿勢が悪い男性を見つけたので指摘してあげましたが、なかなか直りませんでした。本人は、自分が周りからどんなふうに見えているのかわからないと思います。姿勢があまりよくないことを少しは理解しているのではと思いますが、そう簡単に直るものではないのです。

私は初対面の方から姿勢がいいと、たまに言われます。それには理由があります。私は社会人になってから、社交ダンスを少し経験しました。社交ダンスは姿勢が命です。すっと伸びた姿勢をキープできるかも採点に影響されます。私は強制的に姿勢をよくしたのです。

自分の魅力を上げるために、いままでの姿勢を改め、今日から姿勢をよくする日常をキープしてください。やはり一人で悩むのではなく、ウォーキングなどのプロの力を借りてもいいと思います。

5　表情　にこやかな笑顔ができる

第一印象を上げるために一番大事なことは「表情」です。表情をよくするかどうかで、人生が変わると言っても過言ではありません。あなたの周りに、いつも笑顔の人や、表情が豊かな人はいませんか？　近くで接していて、こちらも幸せな気分になることがあります。

表情は、自分がどういう状態にいるかを相手に伝えることができます。怒った状態なら、表情も怒った顔をしているのです。表情が笑っていたら、気持ちもそのような状態なのです。コミュニケーションする相手にとっては、その表情であなたを判断することが多くなります。当然ですが、怒っている表情の相手は避けようと思いますし、笑顔の相手を見たら安心します。初対面ではこの表情によって、その後のコミュニケーションが決まってくるのです。

ここで問題なのが、自分の表情を皆さんあまりわかっていないことです。自分がどの程度の笑顔なのか？　相手の話に応じてどう表情が変わっているのか？　自分のことなのにわかっていないのです。それは、自分の顔を見るのは洗面所で鏡を見るときが多いですが、そのときにはあまり表情は動いていないからです。相手とコミュニケーションしているときの自分の表情は、ほとんど見る機会がないのです。

コミュニケーションが苦手な方の多くは、この表情はご自身が思っているより悪いです。男女の出会いで成功していない人も表情が悪い場合が多いです。

では表情が悪いとはどういうことでしょうか？　顔は表情筋などのいくつもの筋肉で構成されています。表情が悪い方は、この筋肉が動かない方です。

よく「能面みたいな人」「無表情の人」と言われます。これは表情が動いていないので、その人が何を考えているか相手に伝わりにくいということです。相手はまず表情を読み取っているのです。表情が悪いと、初対面の出会いでは次に続かなくなり、仲良くなれません。

反対にいい表情とは、「笑顔」「反応」です。初対面の相手でもこちらから笑顔を出せる方、その笑顔は誰が見ても安心感を与えられている方です。反応とは、相手の話に応じて、あなたの表情が反応しているかどうかです。相手が面白い話をしたら、そのようにあなたの表情は反応しないといけません。相手が悲しんでいたら、あなたの表情も悲しんでいるはずなのです。これが表情のコミュニケーションになります。

男女の出会いで成功していない方は、いまから自分の表情をよくすることを意識して改善してください。私には難しい……、そんなにカッコよくないし……、とあきらめるのはダメです。かならずよくなります。それは、表情は筋肉だからです。

運動をしている方はわかると思いますが、筋肉は鍛えれば鍛えるほどよくなります。表情が悪い方は、これまでの人生といまの日常生活で、この筋肉を鍛えてこなかっただけなのです。

では、具体的に表情をよくするためにはどうしたらよいでしょうか？　それは、「訓練」と「意識」です。筋肉を鍛えて、よくしようとする意識なのです。

笑顔を作る訓練として、一日１００回笑ってください。ただそれだけです。日常のコミュニケーションで１００回以上笑っている方はいいのですが、そうでない方がたくさんおられると思います。笑顔は一番筋肉を動かす表情です。笑いながら表情の筋肉を鍛え、表情を豊かにするのです。

ご自身のアルバムを取り出して、これまでの記念写真をいくつか見てください。あなたの表情はどうですか？　笑顔ですか？　笑顔でなかった方は、今日から訓練が必要です。笑顔を作る筋肉ができていません。まず自分の表情がどれだけ動いているかを認識しないと改善することはできないのです。

私はこの仕事をするまで笑顔を意識したことがあまりありませんでした。家庭環境もあって、あまり笑顔をしてこなかったと思います。笑顔は自己開示です。相手に私はこういう人ですということを表情で伝えているのです。周りへの自己開示が苦手な方は、やはり表情や笑顔が悪いです。

コミュニケーションにおいて、自己開示はとても重要です。まずあなたが相手に自己開示しないと誰もあなたに自己開示してくれないのです。

私はこの仕事をして笑顔の大切さを理解しました。そして意識して笑顔を作る訓練をしたのです。もう写真を撮られたらいつでも笑顔です。なぜ昔はこんな簡単なことができなかったのだろうと思います。

あなたをもっと魅力的にするために、今日から笑顔の反応を心がけ、訓練と意識をしてください。あなたのコミュニケーションは格段によくなります。

表情には歯の清潔さも重要です。歯ならびが悪く、色が黒ずんでいる男性を、女性は本能的に「不快」ととらえてしまいます。私の生徒の中に、ずっと彼女なしでも結婚できた男性で、歯をホワイトニングされた方がいます。芸能人のように歯を白く見せるのです。男性でそこまでする方はなかなかいません。私としては、彼の本気さが感じられ、そこまで徹底してご自身の魅力を高めているから、結果が出たのだと思います。

歯が白くないと笑顔を作りづらいです。笑顔で歯から白さがこぼれてくると、清潔感は申し分なくなります。相手にコミュニケーションしやすい自分を見せるためのホワイトニングは、一つの手段なのです。

6　清潔感　体臭、口臭などはもっとも相手が嫌がるもの

女性が不潔と意識する最大の原因は「不快な臭い」です。どんなに年収が高くて外見が魅力的な男性でも、不快な臭いで「この人とは、付き合えない」と本能的に思うものです。女性の場合は逆に過剰な香水は不快感を与えます。

男性の不快な臭いとは生活習慣が関係してきます。例えば、部屋が汚かったり、風呂に入ることがあまり好きでなかったり、肉や脂っこいものを好んで食べていたり、これまで歯をきっちり磨いてこなかったりと、生活習慣によって左右されます。病気が原因の場合もありますが、臭いでその相手の人となりを判断するのは、女性の動物的本能なのです。

清潔感がいきすぎるのは、かえって神経質ととらえられますが、常識的なレベルまであなたの清潔感を上げてください。

男女ともにタバコの臭いが嫌いな方や、口臭に敏感な方も増えてきています。一度、親や親友など身近な方に自分の体臭や口臭がどうかを聞いてみてください。早めに確認しないと、気づかないうちに周りに不快感を与えているかもしれないのです。

清潔感を上げるために簡単な方法があります。服を新しくしたり、こまめに洗濯することです。不快な臭いというのは、大部分は服が原因なのです。

男女ともに不快な臭いがする人は、体臭だけでなく、服に臭いがついている場合があります。何日も風通ししないせいで湿気がこもりカビ臭くなったり、部屋のゴミのにおいなどが服についてしまうのです。特に一人暮らしをしている方は気をつけましょう。また、何日も洗濯しなかったり、部屋干しばかりで湿気臭くなったりしても臭いが気になります。

服の不快な臭いによって、その人の部屋が不潔であるとイメージしてしまうのです。

男女の出会いで失敗している人の中には、不快な臭いで出会いを逃している方もいるのです。

1〜6で述べたことは女性も同様です。何度も言うように、男性は女性の外見にまず惹かれます。本気で結婚したいと思ったら、婚活の時期だけでも外見を磨く努力をしてください。

外見磨きをしている女性に男性は魅かれるものです

男性の視線に入りやすい外見事例。エレガントでいい香りがしそうな雰囲気を目指しましょう。婚活の時期だけは、これくらいがんばる努力が必要です

男性の視線に入りづらい外見事例。婚活の時期は、活動的なファッションより、女性らしさを目指しましょう。まずは男性の視線に入る努力をしてください

column

ある生徒が「結婚相談所・結婚情報サービス」について相談にきました

Bさん：友人が結婚相談所に入って結婚しました。そんなところでも可能性があるんだってちょっとビックリしましたが、私はまだ入るのに少し抵抗感があります。結婚相談所や結婚情報サービスってどうでしょうか？

大橋：生徒の中にも結婚相談所に入っている方は多いですよ。私はこう言います。あなたが結婚を意識していて、もし友人の紹介やコミュニティーなどの出会いの可能性が少ないのなら、結婚相談所や結婚情報サービスは出会いの選択肢の一つとして必ず入ってください。この業界はシンプルなシステムです。結婚したい方々が相手を求めて登録している集団なのです。そこにあなたが所属するかどうかということになります。

Bさん：でも、お金も結構かかるし、なんか怪しい業者がいるって聞いたのですが……。

大橋：確かにお金はかかります。それも何万～何十万円レベルです。よく考えていただきたいのは、コンビニで買い物をするレベルと比較してはいけません。あなたのいまにとって、その何十万円レベルは価値があるかどうか、必要かどうかということです。

この業界の価格には理由があります。価格の構成は、広告費と人件費で大きく占められています。結婚したい未婚者を集めるには、まだまだ宣伝が必要です。Bさんのように少し抵抗感がある方がいらっしゃるため、簡単には集められないのです。よってさらに広告が必要になります。もっと皆さんが気軽に出会いの選択肢として活用したら、価格は下がるでしょう。

もう一つの人件費ですが、結婚相談所の会員をサポートするのは人です。相談や出会い実現のために動いてくれる方です。ロボットがするわけではありません。人件費は一番コストがかかるのです。いまネット系結婚相談所の価格が安いのは、この人件費が少ないためなのです。

結婚相談所を決めるときのポイントは、信用と価格とサポートです。Bさんが心配されるように、中には怪しげな業者もいます。それはこの業界だけでなく他の業界でもいると思います。さまざまな結婚相談所を比較して、これまで事業を継続してきたところかどうかの信用、適正な価格であるかどうか、相談員などのサポートやアドバイスが期待できるかどうかなどを、実際ご自身の目で確かめて判断してください。

lesson

03

また会いたいと思わせる会話とマナー

lecture

03 好感を持たれる話し方とマナー

Q

「話が続きません」（アキヒロさん）

女性と食事をしているとき、相手があくびをしたり、眠そうにしているなと感じることが結構あるんです。やはり女性と話すのが苦手です。はっきり言って、何を話していいかわからないし、話が続かないんですよね。

A

「自信のなさは相手に伝わります」（大橋先生）

アキヒロさんは、会話の内容以前に、自信のない話し方や、相手の目を見て話さないのが気になります。場数を踏んでいないから、慣れていないのです。ではここで、相手との距離が縮まる会話とマナーについてお話ししましょう。

好感を持たれる話し方とマナー

1 話し方　相手が聞きやすいかどうか
2 会話　ポジティブで、聞いていて楽しくなる話は人をひきつける
3 マナー　常識的なマナーが身についている

1　話し方　相手が聞きやすいかどうか

自分の声ってどうだろう？　話し方って変じゃないかな？　と考えることは、

日頃あまりないかもしれません。相手とコミュニケーションするためには会話をしなければならないので、話し方や声によって相手が受けとる印象も変わってくるのです。

ポイントは、相手が聞きやすいかどうかです。相手によってもどう聞こえるかは異なってきます。子供に大声を出したら怖がってしまいます。お年寄りに小さな声は聞こえないかもしれません。

相手が異性なら、少し艶のある声を出したほうが、出会いの可能性が上がるかもしれません。男性なら自信を感じさせる男らしい声や話し方のほうが、可能性が上がるでしょう。相手の気持ちに立った話し方や声を意識してください。少し気をつけたら丁寧に話せますし、元気に話そうと思ったらできるのです。

自分の声や話し方に自信がない方は、きっとこれまでの人生の中で気づいていたはずです。でもどうすればいいかわからないし、どうせ変わらないのではと思っているのかもしれません。

最近、ボイストレーニングや話し方セミナーが話題です。改善しようとすれば、ご本人の努力とプロのアドバイスである程度はよくなるでしょう。

2 会話 ポジティブで、聞いていて楽しくなる話は人をひきつける

まず会話とは何かを理解してください。とてもシンプルに考えると、お互いの話題や興味を、言葉を使って伝達しているにすぎないのです。人それぞれ話題は異なりますすし、表現力も違ってきます。

私は会話をよくスポーツに例えます。「会話はキャッチボール」というのを聞いたことがあると思います。キャッチボールというスポーツなのです。あなたは、このスポーツが得意なのか、それとも苦手なのか、ということです。

いま男女の出会いでは、会話力が成功の分かれ目となっています。昔も会話力は重要だったと思いますが、いまほどではなかったのではないでしょうか。男は黙っていても評価されたり、女性は慎ましい方が好まれたかもしれません。でも現代は違います。男性が結婚相手に選ばれるポイントは経済力とこの会話力なのです。女性も明るく親しみやすい会話ができる方のほうが、出会いで成功する可

能性が高いでしょう。

私の生徒はこの会話力で悩んでいる方が多いです。会話力は、服装のようにすぐによくすることはできません。これまで活躍していなかったスポーツ選手が、急にオリンピック代表にはなれないのです。

会話をよくするための方法はあります。さきほどのキャッチボールをイメージしながら理解してください。会話のポイントとして次の3つがあります。

① 話題

会話をするときは、自分が知っている話題や興味のあることを話します。相手もそうです。知らないこと、体験していないことは話せないのです。

この話題は、あなたのこれまでの「体験」ともっている「情報」です。学生時代に何をしてきたのか？　得意なスポーツは？　旅行で楽しかった場所は？　最近のニュースは？　などの「体験」と「情報」なのです。

話題はすべてあなたが人生の中でやってきたことと、もっている情報をただ言葉で表現しているだけです。楽しい体験をしてきた方は、楽しい話ができます。誰も知らない貴重な情報をもっていると一目置かれます。

これまで私は会話が苦手な方を何人も見てきましたが、多くの方はこの話題が少なすぎます。話題が少ないとは、体験と情報が少ないということなのです。キャッチボールで例えると、持っているボールが少なく、しかもあまり相手が興味を示さないボールだったりします。

会話をよくするには、このボール作りから始めることです。会話が苦手な方は、ボール作りをせずに、会話を避けたり、技術でごまかそうとしていると思います。すぐに魅力的なボールはできませんが、意識して作っていかないと増えていかないでしょう。

魅力的なボール（話題）を持っている方は、会話をしてもだいたい楽しいです。それは、その方の人生自体が魅力的なものだと言えます。

話題が偏っても、それを受け入れてくれる同じ趣向の相手がいればOKなのですが、多くの方と上手にコミュニケーションをするのなら、話題は多いほどいいのです。

話題の引き出しをいまからでも増やしていきましょう。どうせ増やすのなら、自分だけが興味のあるものでなく、相手が興味のあるものを増やしたほうが会話は盛り上がります。

会話の話題は、スポーツなら基礎体力のようなものです。基礎体力がないと、技術だけ知っていてもいい結果はでないし、長続きしないのです。

② 経験

スポーツでは経験や練習量が結果を左右します。会話も同じです。これまでのあなたの会話の経験が、いまの会話力を左右しているのです。異性との会話が得意な方は、これまでの経験でたくさんの異性と会話をしてきたのでしょう。

スポーツと同じで、いろんな経験が応用力を生み、どんな会話パターンにも対応できるようになるのです。

また会話すること自体が日々練習であり、力をつけていきます。会話を避ける方は、経験も積めず、練習もできずに悪循環に陥っていることになります。

また、会話をたくさん経験することにより、話題のボールも自然と増えることになります。それは、会話をしている相手のボールが自分の新たな情報として増えるからです。自分が体験していなくても相手との会話により疑似体験ができるのです。

男女の出会いで成功するためには、もっともっと異性と話さなければなりません。失敗してもいいのです。いきなり会話上手で生まれてくる方はいません。みんな失敗しながら経験を積んできたのです。まだまだ間に合います。

異性と話す経験を積む場所にいいところがあります。出会いパーティーに参加することです。パーティーはたくさんの異性がいて、会話をするために集まっています。

パーティーは出会いだけでなく、異性と会話をする練習の場所なのです。

③ 会話技術

会話はスポーツですので、当然、技術があります。

ここで大事なのは、会話は単なる高い点数を出せばよいというスポーツではないということです。キャッチボールだから相手が必ずいるのです。評価は相手が決めます。

すべての技術は、相手があなたと会話をしやすくするためにあるのです。相手が取りやすいボールを投げてください。

相手がまたあなたと一緒にキャッチボールしたいなぁと思ってもらえるように考えてください。

会話技術1　笑顔、表情（反応）、目線（アイコンタクト）、姿勢

第一印象につながるのですが、会話しているときのあなたの表情や姿勢も技術の一つです。

あなたとキャッチボールをして、相手がまた一緒にやりたいと感じるかは、あなたの投げている姿、捕っている姿にも左右されます。

無表情で黙々と投げている相手とまたキャッチボールをしたいでしょうか？

相手がいいボールを投げたなら、「ナイスボール!!」ってほめてあげましょう。

それが表情の反応であり、会話で相手をほめることなのです。ほめるとはお世辞ではなく、相手のいいところを見つけたということなのです。


あなたは会話のときに、目線を意識していますか？

アイコンタクトと言って、相手と目を合わせることです。アイコンタクトは、コミュニケーションの基本中の基本です。

でも、アイコンタクトがあまりできていない方がいます。それは無意識にできていないのかもしれません。

人は相手の話を耳で聞いているのですが、会話では違います。目で聞いているのです。

私は講師として多くの人の前で話をします。講師は講座中、参加者全員をよく見ているのですが、私のほうを見ていない方がちらほらいるのです。一方、真剣な方は、私をじっと見ています。

見ていない方は、目は合わせなくても耳で聞いているかもしれません。でも私には、この人は私の話を聞いていないと映るのです。私がどちらの方と今後コミュニケーションをとろうとするかは明白でしょう。

自分の話を聞いていないと感じる相手には、人は興味を示しません。それは存在を無視されたと感じるからです。アイコンタクトができていない方は、知らず知らずに、相手とのコミュニケーションの機会を失っているといえます。

アイコンタクトができないのはクセかもしれません。これまでのコミュニケーションで意識してこなかったから、だんだん目線が合わせられなくなってきたのでしょう。

いまからでも変えることは可能です。ただ相手の方を見るだけなのです。

アイコンタクトで注意していただきたいのが、ただ相手の目を凝視するのでは、かえって怖がられるかもしれません。

では相手のどのあたりを見ればいいでしょうか？　よく言われるのが、相手の両目と鼻をつなぐ逆三角形ゾーンを見ることです。

会話の中で相手や自分が特に伝えたい内容のときには、瞳を見るようにすれば、メリハリが出ます。

相手の目を見ないで話す人は嫌われます。緊張する人は、相手の目を凝視するのではなく、両目と鼻をつなぐ逆三角形ゾーンを見ると自然です。聞くときも同様です

ここで付け加えていただきたいのが、表情の反応です。

相手の目を見ながら、会話の内容に応じて、あなたの表情が動かなくてはなりません。

面白い話なら笑わないといけないし、ビックリする話なら驚いた表情にならないといけないのです。

表情の反応が伴わないと、いくら目を見ていても、相手は本当に聞いているのか？　と感じることになります。

次に、姿勢も会話の技術です。

あなたが会話しているとき、身体がどういう状態にあるかによって、相手との会話が変わってくるのです。第一印象で姿勢がよくても、会話している最中に姿勢が悪くなってきたら、印象は変わります。会話に意識が集中されるため、姿勢に意識が回らずに日常のクセや性格が出てしまうのです。

表情や目線、姿勢などの第一印象につながる見た目の技術はとても大事です。

会話は話の内容のほうが重要と思い、ここを軽視している方がいるのですが、私は内容より重要と思っています。例えば、あなたが外国に一人で出かけたとします。言葉はまったく通じません。それでも外国人とコミュニケーションをしなければならないのです。

話の内容より、表情やボディーランゲージなどの見た目の技術が大事ということです。

会話技術2　自分ばかり話さず、相手の話をしっかり聞く

いくら会話が好きでも、自分ばかり話していたら、会話のキャッチボールになりません。

まるで「ドッジボール」状態で、相手に関係なく「言葉」を当てているだけなのです。自分の話している内容が、相手の興味を引くものならいいのですが、そうでないと相手は聞き飽きます。

自分の話を聞いてもらいたいという気持ちは相手も一緒なので、まずこちらから相手の話を聞くという姿勢が会話上手で、コミュニケーションがうまくできる人なのです。

相手に興味がないと人は話を聞きません。ということは、相手の話を聞いているという姿勢は、相手に「私はあなたのことに興味がある」ということを伝えることになります。聞いている姿勢には、アイコンタクトやうなずき、あいづちなどがあり、相手が視覚的に判断できないと聞いていることにはならないのです。

会話技術3　興味深く質問して、相手の話にまず共感する

相手の情報を知るためには、こちらから聞くか、相手から話してくるかのどちらかです。

初対面に近い関係なら、あまりこちらからも深く聞かないし、相手もあなたに対して深く話をしてこないでしょう。相手を警戒したり、こんなこと聞いたら失礼ではないか？　馴れ馴れしくないか？　などと考えながら、あまりお互いが相手に踏み込むことはないのです。

相手との関係が、仕事や趣味などで継続的につながるのなら、話をする機会が増え、少しずつお互いのことがわかってくるようになります。相手との距離感が近くなっていくのです。

より多くの人たちとコミュニケーションや会話をよくするためには、この相手との距離感をできるだけ早く近づけることがポイントです。

それには、相手が近づいてくれるのを待つのではなく、自分から動いてください。

相手に関心をもち、相手のことを知ろうと心がけ、そしてその気持ちが相手に伝わるように質問をしてみましょう。

相手のことを知る一番早い方法は、相手に質問をすることです。ここで、ただ何でも聞けばいいというわけではなく、あなたが相手のことを本当に聞きたいのだと伝わることが大事です。相手は、あなたの質問の様子によって、あなたが自分にどれだけ関心があるのかを判断します。

ある生徒が、私に淡々と質問してくる場面がありました。ちょっと横柄なそぶりや口調です。私はその彼の質問している姿を見ていると、「この人は本当に聞きたいのかなぁ」という印象を受けます。別の生徒は、目を輝かせて真剣に質問してこられます。私はどちらの生徒に積極的に答えようとするでしょうか？

質問をすると相手の話や考え方がわかり、少し二人は近づくことになります。そこでさらに近づけるには、相手に共感をすることです。これは「あなたの話がわかりましたよ。あなたのことを私は認めましたよ」というサインです。誰でも自分のことや考えには、共感してもらいたいものです。共感してくれる相手には、親しみを感じるでしょう。

反対に、特に初対面の相手が自分に共感を示してくれないと、自ら相手に近づこうと思わないのです。

男女の出会いで、共感に失敗している男性をよく見かけます。男性は会話の中で自己主張する傾向にあります。

女性は、どちらかというと周りと協調しながら、「和」を作っていく傾向だと思います。この性の違いが、会話ですれ違いをおこすのです。

ある男性の生徒が、初対面のお見合い相手との会話の中で、映画や食べ物の話になりました。

相手は恋愛映画が好きなのですが、その生徒は恋愛映画があまり好きでなく、ホラー映画が好きだと話したのです。食べ物の話でも、好みが合いません。

話をしていて相手は、この人は自分とあまり合わないのではと単純に思います。その生徒はホラー映画が好きな自分を主張したために、恋愛映画を否定することになりました。

これは恋愛映画を否定しただけでなく、恋愛映画を好きな相手自身を否定したことにもなるのです。知らず知らずにこのような会話になっていることもありますので注意が必要です。

恋愛映画が100%否定されるなんてことはありません。どんなことでもいい面はあるはずです。相手の話に対して否定から始まるのではなく、まずいい面を導き出し、共感することが会話をよくするポイントなのです。

共感に近い会話の技術に「ほめる」があります。「ほめる」とは、相手のいいところを見つけるということです。外見だけでなく、相手の話に出てくる行動などにもいい面はあるはずです。そこを見つけ出し、すぐに相手をほめるのです。ほめられたら誰でもうれしくなります。「わたしのことをこの人はわかってくれている」と相手が感じると、さらに会話がはずむようになるのです。

会話技術4　相手との共通点を探す

どうすれば、人は仲良くなるのでしょうか？

私が考えるには、まず時間と空間や体験を共にすることが大事だと思います。初対面でも、一緒に何か一日スポーツをすれば、自然と仲良くなるものです。

次に、お互いをどれだけ知るかです。

職場でいつも空間を共にしていても、相手のことをあまり知らないとお互いの距離は近づかないし、次第に関心がなくなってきます。

ここでどちらかが、「相手のことをもっと知りたい」と質問などで近づけばよいのですが、必要性がないと動きださないのが大人であり、いまの社会なのかもしれません。

次に共通点です。これは、趣味や趣向、体験、価値観、環境など何でもいいですので、相手と近い事柄をもっているかということです。例えば、ゴルフが好きだったり、カラオケによく行ってたり、住んでるところが近かったりなど、何でもいいのです。

人は共通なものがないと、コミュニケーションの継続は難しいと思います。初対面で仲良くなるためには、まず相手を第一印象で判断し、それをクリアしたら、次は共通点があるかどうかが重要です。

相手と趣味や考え方など何も共通することがないとしたら、今後コミュニケーションする必要性を見出せないでしょう。

一方、何か共通したものがあれば、話す内容が近くなり、相手に親近感を覚えるのです。

会話が上手な方は、初対面でも相手との共通点を見つけることが得意です。「へぇ〜、一緒じゃないですか！」「自分もそうなんですよ〜」などの言葉がすぐに相手に伝えられるのです。会話では、相手との話の中で、自分との共通点が少しでもないかと意識しながら話してみましょう。

共通点が多いと、環境が似ている可能性があるし、今後一緒に行動することもできます。だから仲良くなりやすいのです。

会話技術5　自己紹介ごっこでは終わらない

私はお見合いの現場を取材で見たことがあります。1時間半のお見合い会話をチェックしたのです。一部を実況したいと思います。

男性「もしかして家は、〇〇神社の近くですか？」

女性「そうです。わりと近いですよ」

男性「昔、友人が近くに住んでいたのでよく行きました」
——〇〇神社周辺の話を少しする——
男性「ところで仕事がお休みのときは、どんなことされますか？」
女性「テニスが好きで、仲間と練習しています。今度、試合があるので……」
男性「へェ〜、いつから始めたのですか？　私もたまにしますよ」
女性「社会人からなんですけど、結構のめりこんでやってます」
男性「自分もスクールに通ったことあります。他のスポーツは？」
——女性は他のスポーツはあまり興味がないみたい——
男性「旅行はどうですか？」
——女性は海外旅行、男性は国内のみ——
男性「食べ物とかは何が好きですか？」
男性「映画は見られますか？」
男性「TVドラマは？」
——この調子でテーマごとにちょっとずつ会話——

1時間半の会話が終わり、両者の感想は、
男性　会話が盛り上がった。明るくしゃべってくれて協力的だった。ぜひまたお会いしたい！
女性　友人にはよいけど、普通に営業マンと話しているみたい。そんなに私に興味がないのではと思いました。世間話レベルかな。2度目は難しいです。

お二人の会話を客観的に聞いていると、おそらくどこにでもあるお見合い会話の風景だと思います。

この会話の結果、二人が次回会うことがなかったのは、ただの自己紹介&情報提供になったからです。男性は、初対面の女性からいろいろと情報を引き出すため、いくつものテーマに対して質問をしたので、女性が言う世間話レベルの会話となりました。

このように自己紹介ごっこのような会話は、初対面では多くなってしまいます。1回目で二人の距離があまり近づいていないということです。

浅い関係で終わる営業マンと顧客の会話や、次に会うことが約束されている間柄なら、これでもいいかもしれませんが、男女の出会いなどでは、最初に二人が近づけないと、もう次がない可能性が高いのです。

では、対策としてどうすればいいでしょうか?

先ほどの自己紹介ごっこでは、別のお見合いでも同じ調子だったかもしれません。話の内容が、旅行先のヨーロッパがアメリカに代わっただけ、中華料理の話が、イタリアンに代わっただけです。会話の中で相手が興味のあるテーマやキーワードがでたら、もっと掘り下げてあげることです。深掘りするのです。

例えば、今回相手の女性は、テニスを社会人から始めたようです。しかも、のめりこんでいます。それに対して深掘りをしてあげてください。質問しようと思ったらいくらでもできます。「始めたきっかけは?」「仲間はどんな人?」「練習はどこで?」「好きなプレイヤーは?」「試合の結果は?」などです。掘り下げられることにより、相手は自分の興味のあることですから、いくらでも話ができるし、そんなに聞いてくれるのは、「私のこと興味があるんだ!」って思うのです。

本当に相手のことが知りたかったら、いくらでも聞けるはずでしょう。このときの注意点ですが、ただ次々聞いているからいいのではありません。あなたの表情や話すしぐさなど身体全体が、本当に相手のことがもっと知りたいと伝わらないとダメなのです。

お見合いなどの限られた時間での会話は、いつもより相手に踏み込んでみて、早く距離感を近づけることが大事です。一つ二つのテーマで盛り上がればそれでいいのです。他の話は次回また会って話せばいいのです。

会話技術6　オリジナルのマイストーリーで自己開示する

表面的な会話によくあるのが、ただこれをしたという会話です。「沖縄に行ったことがある」「学生時代にスキーをしていた」などです。

沖縄に行った人は世の中に何人でもいます。大事なのは、沖縄に行ってあなたはどうしたのか？　何を感じたのかです。そこにあなたらしさや個性が見えます。オリジナルのマイストーリーが、あなたの性格や行動を表し、相手はあなたを感じることになります。反対にマイストーリーがないと、あなたを感じることができず、ただの表面的な会話になります。マイストーリーは自己開示なのです。

例えば、沖縄に旅行で行って海に潜ったとします。そのとき海はキレイでしたか？　熱帯魚など美しい魚はたくさんいましたか？　美しいものやキレイに感じたことなど、素敵で臨場感のある話をすると、聞いているほうも自分も行ったように感じるかもしれません。またあなたと一緒にいることで、今後自分も体験できると思えるのです。

会話技術7　最初はマイナスの話はしない

私はこれまでたくさんの生徒から、会話で失敗している話を聞きました。その中で、マイナスの話を初対面でする人が多いことに驚きます。

例えば、お見合いの席で仕事の話になったとき、ある生徒（男性）は転職を考えていると話しました。しかも、仕事に対して後ろ向きな様子です。他の生徒（男性）は、父親が事業で失敗して借金をしている話をしました。どれも、結婚相手を探している相手に話すなんて、普通ではありえないことです。女性はこの人と結婚できるかどうかと考えて会話をしています。

まだ相手との関係が手探り状態なのにマイナスの話をされると、受け取る準備ができていないため、それ以上相手に踏み込む気持ちがなくなります。本人はあまり考えずに言ってしまったかもしれませんが、その一言で終わってしまうことがあるのです。

ある出会いパーティーの自己紹介で、40歳くらいの女性が言いました。「もう40歳過ぎのおばさんですが、宜しくお願いします」と。別のパーティーでは30歳の男性が「パチンコでひと財産失くしました（笑）」と。ご本人は冗談のつもりですが、それを聞いた相手たちがそれを受け入れることができるでしょうか？それ以外の部分でご本人が大変魅力的なら救われますが、そうでないとわざわざその人を選ばなくても、他に相手はいくらでもいるのです。

マイナスの話が先に出るのは、謙遜のつもりなのか、本人に自信がないのか、または失敗したときのために自分で予防線を張ってしまうのか、いろいろ理由はあると思います。ただ、相手があっての会話ですから、相手が受け入れられないとダメなのです。相手が受け入れやすいのは、もっと前向きでポジティブな話です。

人間だれでも、プラスの面もマイナスの面もあると思います。プラスの面を認め、マイナスの面を許せるかどうか。プラスも知らないのに、いきなりマイナスを許すことは難しいでしょう。だから最初にマイナスの話をしてはいけないのです。

会話技術8　自己PRポイントをさりげなく

自分の魅力は言葉にして伝えないと、相手に伝わらないままで関係が終わることもあります。お見合いなどの出会いの場合は特にそうです。次にまた会えるかどうかは、わからないのです。自分にどういう魅力があるか、他の人とは違うことを相手に気付いてもらうことが、次回も会うことにつながるのです。

コミュニケーションが苦手な方は、相手に遠慮しすぎます。こんなこと言ったら笑われるのではないか？　相手はどう思うかな？　そんなことにとらわれていると、いつまでもコミュニケーションはよくなりません。自分に自信があれば大丈夫です。相手ともっと一緒にいたいから、自己PRをするのです。ただし、相手のことを少しも考えず、ただの自慢になっては逆効果です。自己PRは、会話に織り交ぜてさりげなく行ってください。

会話技術9　次回も会うために誘う

人間仲良くなるために、時間を共に過ごすことや共通点が必要と話してきました。

最後に一番大事なことは、「誘う」です。継続的にコミュニケーションするためには、理由が必要です。仕事仲間や趣味の仲間、友人、家族……。お互いに何かのつながりがあります。これも理由なのです。

男女の出会いには、つながりがない場合があります。コミュニケーションが継続するのは、本人たちに次に会う意思があるかどうかです。そしてどちらかが誘ったかどうかです。これは同性の友人でも同じことです。次に会うためにはどちらかが誘っています。どちらかからの誘いがなくなると興味もなくなり、距離感も遠くなり、コミュニケーションは終わっていくのです。

誘うには理由があったほうが、相手は受け入れやすいです。単に会いましょうでは、よほど相手に魅力を感じないと、他の用件を優先するかもしれません。受け入れやすい理由とは、相手が興味のあることです。スポーツでも趣味でも食べ物でも、相手があなたと一緒にいたくなる理由を作り、相手のために誘ってみましょう。

誘うタイミングは、会話の中にたくさん出てきます。

食べ物の話が出たら、一緒に食べることをすぐに誘うのです。飲みにいきたい様子なら、こちらから先に誘うのです。これは挨拶と一緒で、先に誘った方が勝ちと言えます。相手からの誘いを待つのではなく、自ら積極的に誘ってみましょう。

誘う行為は、相手への興味の表れです。誘われて相手が受けるかどうかはわかりませんが、誘われることはその相手にとって自分は必要な存在ということになります。必要にされたら悪い気はしないでしょう。ただ、興味のない相手にしつこく誘われたら、逆効果になる場合もありますのでご注意ください。

男女の出会いでは、男性から誘うことがこれまでの自然な形だったかもしれません。ただ、現代の30代~40代の未婚男性は、この誘う行為が少なくなったと言われます。誘う力が強い男性は、とっくに結婚しているか、何人もの女性と同時並行で付き合っているのかもしれません。男性が誘わないなら、女性からどんどん誘ってはいかがでしょうか。男性も女性から誘われるとうれしいのです。いきなり告白されたら戸惑いますが、相手によほど興味がないとき以外は、すぐに誘いにのると思いますよ。

会話について話してきましたが、すべてに言えることは、相手に関心が伝わるように、あなたの気持ちが大切ということです。目の前の相手を大切に思い、接することは誰にでもできます。その気持ちが相手に伝わり、コミュニケーションがさらに進むのです。会話のすべては、相手を思いやる気持ちが具体化されたものなのです。

また、会話をしている相手との距離感を、あなたから縮める努力をしてくださ い。大人のコミュニケーションは、お互いの距離感を一定に保ち、あまり縮めようとしないのが日常化しています。世間話レベルのその場限りのコミュニケーションです。これではお互い親しくなれないし、結婚を考える相手を探す場なら、もっと距離感が縮まらないと相手のことがわかりません。会話が盛り上がる相手とは、あなたと相手との距離が近づいているのです。

私がこれまで見てきた会話の苦手な方の特徴は、失敗をおそれて、この距離感を近づけようとしないことです。相手を否定したり傷つける言葉以外は、会話の失敗なんてないのです。「成功」の反対は、「失敗」ではなく、「何もしないこと」といわれます。**真の会話の失敗は、「何もしないこと」=「相手との距離感を縮めないこと」です。**

コミュニケーションとは、相手との距離感なのです。

3　マナー　常識的なマナーが身についている

最後は、マナーです。

マナーとは、あなたが周りの人々とコミュニケーションをスムーズにするための行動といえます。まずあなたの行動が、常識的なのかどうかを考えてみてください。自分ではそれが普通だと思い日頃からしていることが、他の人からすると違和感をもつものであるかもしれません。みんな生きてきた環境が違うし、親や周りの影響でそうなることもあるでしょう。より自分の魅力を高めるには、周りがあなたと気持ちよくコミュニケーションができるマナーを身につけることが大事なのです。

マナーを知るために、雑誌やインターネットなどで情報を取り入れることはいくらでもできます。失敗しても知らなかったことを恥じずに、周りとコミュニケーションをしながら、マナーを習得することを心がけてください。

自分の魅力を高めるためのポイントを話してきましたが、どう感じられたでしょうか？　ご自身がどれだけ意識して実行しているか、いま一度考えていただきたいです。

第一印象と会話の話が多かったのですが、第一印象も会話も努力すれば必ず良くなります。ただこれまで、必要性があまりなかったのと意識がなかった、もしくは方法がわからなかっただけかもしれません。

あなたがディズニーランドのキャストなら、きっと笑顔ももっと意識して実行しているでしょう。ホテルマンならもっと姿勢がよく見えるでしょう。営業マンならもっといろんな方とスムーズに会話ができるでしょう。

自分には関係ないと思わないでください。第一印象や会話をもっとよくすることが、あなたの出会いの可能性を広げ、早くパートナーが見つかるようになるのです。

自分のことは棚に上げ、相手に求めすぎる人がいます。いつも表情がない方なのに、相手には笑顔がステキな人を望んでいるのです。自分はあまり明るくないのに、明るい人を理想としているのです。人は自分にないものをパートナーに求めるのかもしれませんが、基本的なところが相手と違うと、出会いはうまくつながりません。何度も言いますが、まずご自身が周りや相手に与えないと、相手は何も返してくれません。

第一印象の服装や表情などをよくすることは、周りにご自身の存在をアピールして、相手があなたとコミュニケーションしやすくすることです。会話をよくすることは、また会いたくなる人になることなのです。

出し惜しみせず、見返りを求めずに、あなたの残りの人生がもっと充実するように、パートナーが見つかるように、ご自身の魅力を日々高めてください。

lesson

04

理想の人との出会い方

lecture

04

出会える仕組みを自分でつくる

Q

「せっかく外見を磨いても出会いがありません」（ユミコさん）

出会いがないんです！　ドラマみたいな出会いができるとは思ってないけど、それでも素敵な出会いをしたいという夢はあります。友達や周りの人が次々に結婚を決めて、正直焦ってしまって、心から友達の幸せを喜べない自分が嫌になることもあります。誰でもいいとは言わないけど、早く出会って結婚したいんです。

Q

「家と会社の往復なので出会う機会がありません」（アキヒロさん）

深夜残業、休日出勤が重なり会社と家の往復の毎日です。こんなに忙しいと、はっきり言って「出会い」なんてあるわけがないって思っています。会社にはいつもの彼氏あり女性社員しかいないし、食堂にはおばちゃんしかいないし。彼女がいる人ってどこで出会っているんですか？　もしかしてナンパとかしなきゃいけないんでしょうか？

Ⓐ「待っていては人生は動きだしません」（大橋先生）

「出会い」は、待っていても相手は来てくれないんですよ。昔から「白馬の王子が迎えに来てくれるのを待っている」タイプの女性っていますけど、実際そんなことが起こったためしは残念ながらないでしょう。

童話のシンデレラだって、キレイに変身して舞踏会に出かけて、王子をゲットしているんです。どんなにキレイにしても、じっと待っていてはダメです。それではいつまでも出会うことはできないのです。

確かにユミコさんは、以前よりご自身を磨いているので異性から見て魅力的になっていると思います。でもそれはまだ、自己満足のレベルです。**本当に魅力的に磨かれたかどうかは、相手（異性）が決めるのです。**そのためには実際たくさんの出会いをして、相手に見てもらわないとダメなのです。

人は人と触れ合うことでしか真に磨かれません。

まずは、「出会い」はこうあるべきとか、こうであってほしいという固定観念を捨てて、出会いを求める新しい自分になりましょう。

そして動きながら、焦らず、自分の本当に望んでいることを自分自身に問いかけ、見極めていきましょう。

出会いを進めていくと、自分にどういう異性が合って、どういう異性とは難しいかが見えてきます。いろんな異性がいるので、実際会って接してみないとわからないのです。

特に女性の場合は、出会いに動くという意識が薄い方が多いです。女性同士でコミュニケーションをして楽しければ、男性がいなくてもあまり気になりません。そのうち、どんどん異性との接点がなくなっていきます。

また、女性から動くことに抵抗感があるかもしれません。

男性が動いて女性のほうに行くのが普通で、女性から動くことは少し恥ずかしいと感じるのかもしれません。お気持ちはわかりますが、このままなら出会えない可能性が高いのです。

いま多くの女性が望む理想の男性は、ハッキリ言って少ないです。62ページで説明しましたが、「恋愛・結婚のステージ」で言うと、高スペックのステージA・Bの男性は少なく、ステージC・Dの男性が多いのが現実です。**だから女性にとって理想の結婚がいかに難しいかわかりますね。**

結婚相手を決めるとなると、相手のコミュニケーション力だけでなく経済力などの条件も大事になってきます。すると理想の男性はますます少なくなっていくのです。

希望や理想はなかなか譲れません。それなら、女性も動いてご自身で可能性を広げることが大事なのです。待つばかりでは、人生は動きださないのです。

また、アキヒロさんのように「出会い」があるわけがないっていうネガティブ発想はよくないですね。自分で自分の行動を制限してしまうことになってしまいます。

「出会い」がないという方で、いまの出会いを学生時代の出会いと比較している方がいるかもしれません。学生時代は周りにたくさんの異性がいました。それに比べて、社会人になれば全然異性がいないし、出会いがありません。学生時代は異性との環境という点では、とても恵まれていたのです。出会いを与えられた時代なのです。もうそういう状況は、二度とないかもしれません。

ところで、彼女がいる男性は全員、アキヒロさんより暇な仕事をしていると思いますか？　そんなわけないですよね？　あなたよりももっと忙しい人もいれば、暇な人もいるでしょう。

要は忙しいか暇かということが、出会いのチャンスを決めているのではなく、心から女性と出会いたいと思っているか、忙しいことを言い訳にしていないかということが重要なのです。これは女性も同様です。女性もライフスタイルの中で仕事を優先するあまり、女性として一番いい時期を逃している場合が多いのです。

例えば、1週間×24時間の時間割で、「出会い」に割けない時間を塗りつぶしてみてください。睡眠時間、日常生活の時間の中に無駄な時間はありませんか？

本当に食べて、寝て、仕事しているだけの時間しかないですか？　テレビを見て過ごす時間、ゲームやネットなどでのんびりしている息抜きの時間、タバコを吸ってボーッとしている時間はありませんか？　この時間を「出会い」のための時間に変えてみてください。

「忙しいから出会いがない」と言っている方は、仕事のせいにしています。仕事が忙しいから自分は出会いができないのだと思い込んでいるのです。実際に忙しいのだと思いますが、仕事を理由にしたらダメです。

私は生徒によくこう言っています。

「では、仕事が忙しくなったら婚活をするのですか？」「いつ仕事は暇になるのですか？」と。

残念ながら仕事はおそらく来年も忙しいです。いっこうに暇にはなりません。あなたは出会いができないまま、時間だけが経ってしまうのです。

本当に出会いたかったら仕事を理由にしないでください。仕事を早く片付けるように努力したり、睡眠や趣味の時間を削るぐらいの覚悟で時間を作ってください。

次に「出会い」のための行動ヒントを挙げました。一つと言わず、複数の行動を並行して実践してみてください。24時間は人間平等ですが、どう使うかはあなた次第です。「出会い」のためにがむしゃらになっても、貪欲になっても決して「カッコ悪い」なんてことはないのです。一生懸命に自分にできることを始めてみてください。

すべてはあなたがパートナーを見つけるためです。他の誰でもない、あなたのためなのです。

1　出会いの可能性を考える

自分の理想の人はどんなところにいそうか考え、どうすれば出会えそうか考える。あなたの行動範囲、生活環境、友人知人関係など、場所と場面と人との、あなたの取り巻く環境を図にして書き出してみてください。身近に出会いがあるかもしれませんし、見落としている出会いの可能性もあります。

想像してください。いまあなたは営業の仕事に就きました。あなたという商品を売る営業職なのです。どこで自分が売れるのかをよく考えて、戦術・戦略を立ててください。仕事のようにです。もしあなたが見込み客を一人も見つけられなかったら、あなたは結果が出せず、営業職をクビになるかもしれないですよ。

2　自分が「出会い」を求めていることを周囲に伝える

恋人がいないことを周りに伝えることが、恥ずかしいことだと思わないでください。

実際に口に出して言うことで目的意識がはっきりし、頼まれた人も「誰か紹介できそうな人はいないかな?」とアンテナを立ててくれます。日常の会話の中にそれとなく入れてみるのもよいです。

相手によっては真剣に伝えてもいいでしょう。あなたから頼まないと人は動いてくれません。

頼みごとをするなら、相手が気にかけてくれるように、あなたから相手に何かできることはないかと考えてみましょう。コミュニケーションは、まずあなたが相手に与えることなのです。こちらが与えないと相手は何もしてくれないと思ってください。

ある生徒は、社内の同僚を男女問わずよく食事や飲み会に誘っていました。周りの人たちとのコミュニケーションを円滑にすることで、頼みごともしやすくなりますし、相手もそれに応えてくれるのです。大切なのは人脈作りです。恥ずかしいという感情は、いま捨ててください。

3　身近にいる異性（友達、知人、職場、親類など）からのつながりを考える

職場には既婚者しかいないとか、食堂のおばちゃん、守衛のおじちゃんしかいない！　なんて考えていませんか？　既婚者には兄弟、独身の友人がたくさんいるのです。食堂のおばちゃんや守衛のおじちゃんには、ご近所さんや親類縁者がたくさんいます。職場の同僚や上司、友達など、周りの人たちの後ろには多くの独身者がいます。

本気になれば出会いは星の数。会社の同僚や学生時代の友人など、その人たちの後ろに、あなたにぴったりの人がいるかもしれません。周囲の人との人間関係は日ごろから築いておきましょう

ここでちょっと注意があります。いきなり「誰かを紹介して」なんて言ってはいけません。まずは目の前にいる異性に日常親切にして、笑顔で接してくださいい。ちゃんとコミュニケーションがとれてから、出会いを求めていることを伝えましょう。でないと、礼儀をわきまえていない人や信頼もない人に、自分の知り合いを紹介しようなんて思ってくれないのです。

これらは出会いの中で「人の紹介」の部類に入ります。まだまだ男女の出会いでは、この「人の紹介」が多いです。それは「この人の紹介なら」と安心感があったり、自分の友人の友人を紹介してもらうのなら、自分とも環境や趣向が似ている可能性が高いので、初対面でも割とスムーズにコミュニケーションがとれるからです。

たまに結婚相談所に登録している女性会員で、医者希望の方がいます。その中には、ご自身が医療関係で働いていたり、親が医者だからというわけではない方もいます。おそらく男性の経済力を重視する傾向にあるのでしょう。自分に医者の知り合いも友達もいないのに、望んでいるだけでは難しいです。医者と結婚したかったら、医者と友達になり、仲間を紹介してもらえるような動きをしないと出会いはつかめません。自分に出会いをつないでくれる方を確保してください。ご自身が動くのも大事ですが、つないでくれる方がたくさんいたら、出会いの可能性はさらに広がるのです。

4 「出会いの場」を活用する

例えば「出会いパーティー」「コンパ」「結婚式二次会」「同窓会」「習い事」「結婚相談所」「趣味サークル」「ネットでの出会い」「ブログ」など、世の中にはたくさんの出会いの場があります。いま現在、出会いの場をどれだけ活用していますか？　出会いの場に属していますか？

出会いの場は2種類あります。「システム」と「コミュニティー」です。

「システム」は、あなたに出会いを作ってくれる仕組みです。「パーティー」や「結婚相談所」、「ネット系」などのシステムを、あなたがお金と時間をかけて、出会いを作るために活用するのです。

「コミュニティー」は、人の集まりです。「趣味サークル」や「習い事」など共通点がある人々が集います。そこで出会いが実現できるのです。

この2つの出会いの場を活用することにより、出会いは飛躍的に増えます。

それぞれメリットとデメリットを説明しますので、ご自身に合った出会いを考えてみてください。

「システム」のよさは、すぐに出会いが実現することです。お金と時間さえあれば、パーティーなどは今日にでも出会いが可能です。あなたが動く代わりに、ビジネスが出会いの前段階を設定してくれます。

最近広がってきた「ネット系」は「出会い系」と違い、セキュリティーも高まり、料金も安いのでお薦めです。

「ネット系」の一番のメリットは、24時間動けるということです。最初はメールでのやり取りですので、忙しい方は睡眠を削ってやろうと思えばできます。お金だけ取られる「出会い系」と間違わないように、運営会社をしっかり見極めてください。

「システム」の難しい点は、たくさんの異性に会える可能性があるのですが、反面、まったく知らない人たちですので、価値観や趣向の共通点があまりないことです。また、条件や第一印象の重要性が一番高い出会いとも言えます。出会いの継続性がないため、もし結果がでなかったら、何度も別の相手との出会いを模索することになります。

「コミュニティー」は、出会いの選択肢としてお薦めです。

学生時代にサークルの男女が付き合ってそのまま結婚したケース、あなたの周りにありませんか？　昔なら近所の青年団で知り合ったケース、職場恋愛もコミュニティーの一つです。

「コミュニティー」は共通点をもった人の集まりなのです。ここでは今も昔も人が出会い、コミュニケーションしていくうちに恋愛に発展し、パートナーとなるケースが多いのです。

なぜ「コミュニティー」は恋愛に発展する可能性が高いのでしょうか？　それは「共通点」と「継続性」だと思います。

出会いでは、まず第一印象が大事なのはお伝えしましたが、第一印象だけで人はコミュニケーションが続くわけではありません。

会話をしたり、一緒に行動を続けるには、お互いの共通点が必要になってきます。それは共通体験や興味、趣味、価値観など、相手と共通なものがあるかどうかです。第一印象でいいと思った相手でも、趣味も考え方も合わないと、やはりコミュニケーションの継続は難しいかもしれません。

お酒を飲むのが好きな相手なら一緒に飲みにいけばいいし、テニスが好きならテニスをすればいいのです。共通点があれば、その後の行動が一緒にとりやすくなります。

また共通点や趣向が一つでも一致したら、他のことでも合う可能性が期待できます。コミュニティーに属していると、その仲間とは他でも何かできるかもしれないのです。

コミュニティーでは、何度かお互いが会う場面ができるという継続性があります。これはシステムではあまり期待ができません。システムはその場で次を約束できないと、次の場面がないのです。

継続性があると何が期待できるでしょうか？　男女の出会いでは、「キッカケ」「タイミング」「ドラマ」が必要と言われています。

ＴＶで男女がワゴンに乗って旅をする番組があります。この番組は旅を通じて、この3つを起こさせています。継続性があるとこの3つが起こる可能性があるのです。

例えば、あなたが登山サークルに入っているとします。気になる女性が足をくじいてしまったとき、あなたは彼女の荷物を持ったり、おぶったりしてあげるのです。これによって「ドラマ」が生まれるかもしれません。

例えば、あなたが習い事の忘年会で、隣に座った気になる異性と話が盛り上がったら、次の場面が期待できるかもしれません。

ある女性の生徒はコミュニティーで出会いをつかみました。

彼女は高校時代にバドミントンをやっていましたが、社会人になってからはあまりスポーツをしていませんでした。出会いを求めて近所の体育館に行きました。体育館やスポーツセンターにはたいてい社会人のスポーツサークルがあります。彼女はバドミントンサークルに入って、彼と出会いました。

ある男性の生徒は、英会話を習いにいきました。そこで自分から積極的に話しかけて、いま彼女がいます。

ぜひあなたのコミュニティーでの出会いをもっと意識してください。参加してください。システムとは違った出会いが期待できるのです。

コミュニティーの出会いのデメリットは、出会いまでに時間がかかってしまうことです。システムは、参加者は男女の出会いを求めていますが、コミュニティーはそうではありません。でも、すぐには結果がでなくても、所属することにより、いつか出会いが生まれる可能性はあります。

出会いの選択肢として、いまからでもコミュニティーを活用しましょう。一人で参加するのをためらうなら、友人と参加したり、すでに参加している友人のコミュニティーに入ったらいかがでしょうか。

「システム」と「コミュニティー」では、それぞれメリットとデメリットがあります。

システムはすぐに動けますが、条件や第一印象が重要です。コミュニティーはシステムほど、条件や第一印象は求められません。この2つの出会いを並行して進めることにより、出会いの可能性は広がります。

重要なポイントは、1つだけでなく、複数の出会いの場をもつことです。1つに絞ると出会えないリスクも背負うことになります。資産投資のように、あなたの出会いも分散投資が必要なのです。

出会いのチャンネルをいくつももつことによって、あなたの出会いの可能性が広がります。

社会人は、学生のように時間がありませんが、いま集中して出会いを行ってください。

私なら、仕事と睡眠以外は、すべて出会いに時間を使います。

出会いとは「出」かけて「会」うということを肝に銘じてください。

column

ある生徒が「出会いパーティー」について相談してきました

A君：出会いパーティーって何か怪しい気がするので行ったことがありません。先生、本当にパーティーで相手が見つかるのでしょうか？

大橋：見つかりますよ！　あなたの目の前に成功者がいます。私の奥さんは出会いパーティーで知り合ったのです。

A君：そうなんですか⁉　じゃあ、可能性ありですね！

大橋：私がこの業界に入ったのは、出会いパーティーの司会や企画をしようと思ったのがキッカケでした。その頃、頻繁に出会いパーティーに参加して、いまのパートナーと出会えたのです。だからパーティー戦略には自信があります。結婚できたのも戦略のおかげです。出会いパーティーは出会いを作るには最高の場です。そこでは、相手を求めた異性が同じ会場に何十人も一堂に会するのです。私の場合は約60人の女性がいました。年齢も近いですし、ほとんどの方は出会いに真剣です。そんな状況がA君の日常生活にありますか?

A君:ありませんね……。いつも同じ顔ぶれです。日頃会えない方との出会いではメリットがありそうですね。でも、けっこうお金かかりますよ。3時間でろくに食べるものもなくて、1万円もするんですよ!

大橋:あなたはご飯を食べに出会いパーティーに行くのですか? 他の生徒からもお金の話がよくでます。ちょっと考えてみてください。ここに50名の相手を求めている異性がいます。あなたはご自身で、1万円を使ってこの50名を集めることができるでしょうか? とても無理な話です。あなたの代わりにシステムが集めてくれるのです。1万円で50名の異性に出会えるなんて、出会いでは最高のコストパフォーマンスです。

A君:そうですね。出会い実現には出会いパーティーはメリットがあることはわかりました。でも、友人がもう何十回も参加しているのに結果がでないと愚痴ってました。

大橋：参加したからといって、結果がでるかどうかは別問題です。ご本人に異性が求める魅力が少なければ、結果はでないのです。特に出会いパーティーは、まったく面識のない初対面同士が集まりますし、相手への期待感が高まるので、日頃以上の第一印象や会話力などが求められるのです。

A君：いつも以上に自分の魅力を上げないと結果がでないんですね。ありのままの自分でいいのかなって思っていました。まず服とか変えてみます。

大橋：そうです。自分の魅力を上げて、ぜひ出会いパーティーに参加してください。いろんなタイプの異性がいますよ。そこで、自分は異性にどう見られているのか、どんなタイプの異性と合うのかを見極めてください。

パーティーのメリットは、出会いだけでなく「新しい自分を創る場」であるということです。ここでは他の参加者はみんな自分のことは知らない初対面なのです。よって相手は、その場のあなたの服装・態度・会話などであなたを判断します。100％の自分ではなく120％以上の自分を創り、「自分の殻」をやぶってください。会話が苦手なら、パーティーで訓練してください。異性と話すことが会話の訓練になります。

出会いパーティーで何度も失敗する方は、第一印象などがいまいちだけでなく、自分の魅力を上げる努力をされていないのです。結果がでない自分のままで何回もパーティーに行っても、結果はでません。自分を改善しつつ、出会いを重ねることが大事です。

A君：わかりました。パーティーで自分と出会いが変えられそうです。

大橋：パーティーは自分を高めつつ、自分と同じ空気（趣味や価値観、性格、共通点など）をもった相手を探す場です。自分を高めないのに高いレベルの相手を求めてもカップリングは難しいでしょう。例えば、男性50対女性50の出会いパーティーで、理想の相手が見つからなかったり、カップリングできなかった方は、他のどのパーティーに行っても同じ結果になる確率が高いです。

「どこのパーティーがいいですか？」や「どのパーティーならいい人がいますか？」なんて愚問です。どこに行ってもある程度の人数が集まれば、参加者は同じような構成となります。魅力的な人もいれば、そうでない人も、どのパーティーも同じような割合でいます。相手を求めた未婚者が100人集まると、これはもう社会の縮図なのです。ここで決められないと他でも決められません。自分を高めるか、相手への理想や求めるものを変えないと、なかなか相手が決まらないのです。

lesson

05

恋人に昇格するためのデート戦略

lecture

05

「次はいつ会える？」と言わせる

Q 「『また会いたい』と言われません！」（ユミコさん）

出会いが増えて、以前よりデートする機会が多くなりました。でも、一度はデートが実現するんですが、デートの終わりに「次はいつ会える？」と聞かれないんです！　次の誘いがなくて……。私は自分で言うのもなんですけど、話題も豊富だと思うし、性格もそんなに悪くないと思うし、なにが問題なのかわからないんです！　デート相手から恋人に昇格するにはどうすればいいのでしょうか？

Ⓐ「外見を磨いていない女性を男性は視野に入れません」（大橋先生）

もう一歩先に進めていない状況ですね。ここで、男性はどういう女性を恋人にしたいと思うかお話ししましょう。

まずは、改めてコミュニケーションの話をします。ユミコさんは、自分の話を聞いてもらいたいという気持ちが強いように思えます。そのせいで、相手の話をあまり聞いていないのではないでしょうか？

「自分のことを聞いてもらいたい」というのは誰にでもある自然な感情です。ただそれは、ご自身だけでなく相手にもあることを忘れてはいけません。自分のことを伝えるという前に、**相手のことを知ろうとする気持ち、人の話を聞く姿勢が、コミュニケーションでは大事なのです。**

人の話を聞くということは、「忍耐」、「理解」、「表現」の3つが必要で、結構難しいことなのです。

最初に相手が話す内容を、しっかり聞いてあげる「忍耐」、相手が何を話したいのかへの「理解」、そして自分は理解したということを相手に伝える「表現」が必要なのです。その上で相手に「この人と話していたら心地よいなぁ」と感じさせることができる方が、「聞き上手」と言われるのです。ただ聞いているだけでは「聞き上手」ではないのです。少しでも「聞き上手」になれるよう意識してみてください。

「自分の話をこの人はわかってくれるなぁ」「こんなに聞いてくれて、自分のことに興味をもってくれてるんだぁ」などと相手に感じさせることができれば、あなたは相手にとって心地よい存在になれるのです。

もし相手から誘いがなくても勇気を出して、一度自分から誘ってみることも大切です。誘いがないのは、たまたま相手が忙しかったからかもしれません。相手の出方を待っているのは、自ら縁をつなぐことをやめるのと同じことです。

相手と終わってしまったら、落ち込まずに次の出会いに動きだしましょう。結婚相談所に登録している女性で、申し込みを断られたらすごく落ち込んで活動をやめてしまう方がいます。何か自分を否定されたように思ってしまうようです。男性以上にショックなのはわかりますが、それではあなた自身のためにもなりません。その男性会員がお断りしたのは、たまたま条件が合わなかったり、他にもっと興味がある女性が現れたのかもしれません。タイミングの問題が大きいのです。もしその相手と無人島で二人きりなら、おそらく結ばれているのではないでしょうか。

まず外見磨きに集中する

そして、男性が女性を選ぶときの基準で、まずはっきりお伝えしたいのが、**男性は女性が考える以上に、女性を外見でとらえているということです。**容姿や表情、スタイルやしぐさ、服装やメイクなどの見た目で、男性は決めていることが多いのです。単純に女性の魅力を感じる部分だから、どうしようもありません。

多少、性格が悪いと感じても、目をつぶるか、それをかえって魅力ととらえます。もちろん人生のパートナーとして選ぶときは、外見だけでなく内面も重視しますが、付き合おうとするキッカケは単純なところです。

「そんな外見で判断する男なんて信用できないし、こちらからお断り！」と思っても、そうするとほとんどの男性は対象外となってしまうのではないでしょうか。

いま以上に**男性とのコミュニケーションの機会を増やしたいのであれば、女性はまず外見磨きに集中してください。**選ばれている女性は外見磨きに余念がありません。やるべきことをやっています。

私が40年近く生きてきて感じることは、昔、キレイな女性はいまほど多くいませんでした。いまは本当に外見がステキな女性が増えてきたのです。

これだけキレイになれる方法や情報がたくさんある世の中で、外見磨きを行っていないと見える女性は、男性とのコミュニケーションをする意思がないのではと感じます。

私が生徒にお話しする外見を磨くときのアドバイスですが、まずご自身のベースを考えて「キレイ系」なのか「可愛い系」なのかを考えてください。他にも系統はあると思いますが、自分がどの方向で極めようとするか、努力しようとするかを考えるのです。そして、ファッション雑誌でもＴＶのタレントでもいいですのでモデリングを行います。モデリングは心理学用語で、対象物を見本にして同じような動作や行動をすること。要は、真似ることです。

いまからモデルやグラビアアイドルになるわけではなく、男性が選びたい女性に近づくことが大事なのです。ご自身がタレントになったり、芸能人をパートナーにするのなら大変な努力が必要ですが、一般的な出会いを考えているのなら、もう少し努力すれば可能なのです。

ただ、周りの反応は気にしながら変えていってください。少しずつ自分に合っているか確かめながら変えていかないと、周りから見て無理をしているように見えたりします。あなたの自己満足ではなく、周りの評価を気にしてください。

外見を磨くときに、行動を止めてしまうのがネガティブな気持ちです。これは男性も一緒です。「自分はどうせやっても難しいから……」「いまさらそんなことできない……」などです。もしそんな方がいたら、ここで勇気を出してくださ い。自分を変えようとする勇気をもってください。

外見を磨くことは、決して悪いことではないし、恥ずかしいことでもありません。人の成長は内面を磨くだけでなく、外見も磨くことなのです。

子供のときは親や環境で自由が制限されましたが、いまのあなたは自分の意思で自分を変えられる大人なのです。ネガティブな気持ちは、心だけでなく、外見も行動も悪いほうに作用して、悪循環におちいります。

外見をレベルアップすれば、男性が自然に少し近づいてきます。そこで**ポイントは、男性が入り込める「隙」を女性から作ること**です。世の中にはせっかく外見がステキなのに、男性との縁が遠い女性もいます。理由はこの「隙」なのです。

よく言われることですが、男性は可能性がない相手には、無理してがんばろうとしません。「あの女性はキレイすぎてとても自分では無理だよ」と、あきらめてしまいます。

そんな高嶺の花に挑むのは、あわよくばと考える既婚者くらいです。

少しでも可能性が感じられなかったら、失敗を避けますし、積極的に行動するのも面倒だと考える人が、私たちの世代の男性では多いと思います。一部の男性を除いて、別に彼女がいなくても困らないし、そこまで熱くなる必要があるのか？　といったところでしょうか。

でも、ちょっと可能性を感じると少しはやる気になったりします。いまは、やる気を出させるのが女性なのです。

「隙」を作るというのは、女性が相手の男性に好意を少し示すことです。行動や言動でさりげなく行ってください。

例えば、相手との会話の立ち位置を縮めたり、相手をほめたり、笑顔でいつも話しかけたり、服装を変えてみたり、軽く食事に誘ったり、少し自分から距離を縮めて、男性を引き寄せるのです。注意するのは、ここで女性が近づきすぎては、男性があなたによほど興味がないと逆効果になります。相手の反応を確かめながら、距離感を調整してください。

「あの人いいなぁ」という出会いがあれば、まずその男性の視野に入るように意識してください。

出会いパーティーを見ていると、女性は待ちの姿勢が多いです。男性から近づいてくれるのが理想ですが、男性があなたに近づきやすいように相手の視野に入ることが大事なのです。

lecture

06

デート後の反応が悪い

Q 「次の誘いをしても相手がのってこない」（アキヒロさん）

初めてのデートで食事をした翌日、「次は、〇〇のお店に食べにいきませんか？」とメールしたら、「最近、仕事が忙しくて、決まった日にお約束ができないので、こちらから時間ができたら連絡しますね」と返事が来たきり、メールが来ません。

ボクは女性と二人だけで食事をした経験はこれまでほとんどなかったのですが、自分では会話もはずんでいたと思うし、なにがダメだったのでしょうか？　もう一度会うチャンスはないでしょうか？

Ⓐ「残念ですが、すでにふられています」（大橋先生）

その彼女はもうアキヒロさんとは会いたくないと思っている可能性が高いですね。相手にまだアキヒロさんへの興味が残っていれば、わずかな時間でもメールはできるはずです。

デートは二人で楽しむ機会だけでなく、相手が自分に合うかどうかをチェックする場でもあります。会話や雰囲気、しぐさや行動など、日常の異なる二人が、自分を見せる場でもあるのです。特に**デートでの食事は、あなたの「人となり」が出ます**ので、とても重要なポイントとなります。

相手に好感をもってもらえるポイントを知っておくことで、理想の相手とのお付き合いを長続きさせることも可能です。ぜひ、次に挙げる「相手を心地よくさせるデートの法則」をマスターし、次のデートを成功させましょう。ただし、まずは第一印象などをよくしておかないと、あまり効果は期待できません。

結婚を意識している多くの女性は、デート相手の男性と結婚できるかどうかを考えています。初めてのデートで「また会いたくなる人」、「心地よい存在」を感じることができなかったら、次がないのです。

失敗を恐れずに、いろんな女性とデートをしてください。世の中、無駄な失敗なんてないのです。失敗と思える体験が次の体験に結びつき、それは失敗でなくなります。これは恋愛でも同じで、たくさんの体験がより充実した体験に結びつくのです。

相手を心地よくさせるデートの法則

1 相手に心配り、気遣いをもつ
2 まずは誘うことから
3 計画性をもって
4 デートスポットや食事場所などの選択をどうするか

5 食事で相手が見えてくる
6 会計の問題
7 お店などに文句をつけない
8 次回のお誘い、別れ際のあなた、お礼のメール

1 相手に心配り、気遣いをもつ

デートでは、あなたの考え方や性格、生活スタイルや習慣などが表れます。それを相手がチェックしているようなものです。基本は1対1のため、すべての行動や会話を、相手が身近で感じることになるのです。

いつもの自分を出せばいいと思いますが、緊張や失敗しないようにと焦るあまり、空回りするかもしれません。また、あまりデートをした経験がないと、自分では普通だと思っていたことが、実は多くの異性には不評なデートとなるかもしれないのです。

せっかく二人っきりになるのですから、目の前の相手と心地よい関係を作るために、デートをよりよいものにすることを意識して実践しましょう。

手法や技術の前に、まず相手の立場になって考えることが大事です。自分が楽しむことより、相手にいい時間を過ごしてもらいたい、また自分と一緒にいたいと思ってもらうためにはどうすればいいかを考えれば、おのずと何をしなければならないか答えがでてくるはずです。多少、答えが間違っていても、あなたの心は伝わるでしょう。あなたの相手への心配りや気遣いが行動により表現され、その想いを感じた相手は、あなたを心地よい存在と認めるのです。

ではどのように心配りや気遣いをすればよいでしょうか？　ちょっとイメージしてください。あなたは高級なホテルの従業員であり、相手はお客さんです。ホテルマンの接客と同じ意識で相手と接してみてください。ただこれだけでは、感じはいいのですがお互いの距離感がもう一歩縮まりそうにありませんので、動作や行動はホテルマン、気持ちは親しい友人なのです。

これまでデートで成功されている方は、その成功体験を活かせばいいと思いますが、そうでない方は、一度これぐらいの意識をして相手と接してみてください。デートの細かい手法や技術を覚えても、基本ができていないと、メッキがはがれる結果となります。よくわからない方は、接客のプロをよく観察してみてください。デートも接客も、相手に心地よくなってもらうことは一緒なのです。

デートで相手に心配りや気遣いをすることは、男女関係ありません。女性は積極的にデートを楽しもうとすること、男性はデートで女性を楽しませることが大事です。女性がデートを楽しむのは、男性への心配り・気遣いなのです。

相手の男性のことをチェックして採点ばかりしていたら、いつまでも心地よい存在の相手とは巡り会えないのではないでしょうか。

2　まずは誘うことから

コミュニケーションでは、「誘う」ことがとても大事だということをお話ししてきました。デートもどちらかが誘わなければなりません。すべては誘ってから始まるのです。いつもフリーの方は、断られるのを恐れて「誘う」ことができていないケースが多いです。タイミングや相手との関係もありますが、まずは誘ってみることから始めましょう。

誘わないということはコミュニケーションにおいて、相手に興味がないと言っているようなものであり、相手に失礼なのです。

普通、男性から女性を誘うべきですが、別に女性から誘っても問題ありません。女性から誘うなんて……、と思われるかもしれませんが、いきなり告白するわけではありません。ただ、また会いたいという気持ちを素直に実行するだけなのです。ここで出会いを自らつかめる方か、流れにまかせるだけでつかめない方かの違いがでるのかもしれません。

誘うことで大事なことは、相手がその誘いを受けやすいか受けにくいかです。

ここも相手中心の考えとなります。

誘う内容と誘うタイミング、そして相手と一緒に行きたいというあなたの気持ちが伝わるかどうかです。

誘う内容は、単純に相手が興味のある内容かということを考えましょう。興味の度合いで人の心は動きます。相手が何に興味があるかは、会話の中にヒントがあります。それを引き出すことを意識しましょう。

誘うタイミングは、相手の興味がわかればできるだけ間をおかずに早く誘うことです。新しくできたお店や上映中の映画でも、あなたが早く誘わないと、興味ある人は自分で行ってしまいます。

生徒の中で失敗するケースは、誘っているのですが、気持ちが相手に伝わらないことです。どんな感じで誘うのか実践していただいたのですが、こちらが「本当に私と一緒に行きたいの？」と思ってしまう雰囲気なのです。アイコンタクトはなく、表情もちょっと暗い、声も元気がない。結局は、第一印象的なところで失敗しています。一緒に行きたいという気持ちが伝わらないと、相手は別にあなたと行く必要はないのです。

誘う内容もタイミングも、そしてあなた自身も、相手が誘いを受けやすい状態を作ることを意識して実行してください。

3　計画性をもって

これまで異性と何度もデートをされている方は、デートを計画するような準備は特にいらないかもしれません。これまでの経験を活かしてさらに応用すれば、より楽しいデートができると思います。異性とあまりデートをする機会がなかった方は、やはりデートの計画は立てたほうが失敗を少なくできます。経験不足を準備で補うのです。

相手の興味をそれとなく会話の中でリサーチして、どこに行けば相手が楽しめるのか、何を食べれば満足するのかを考えてプランニングしましょう。

生徒の中には、デート場所をあらかじめ下見をする男性もいます。一度来ているだけでも、当日の行動に安心と余裕が出てくるのです。もしこれが仕事の重要な接待なら、場所などを前もって確認することは当然かもしれません。

計画を立てるのは主として男性の役割になりますが、女性側は、前もって会話の中に自分の興味や行きたいところのヒントを出してはいかがでしょうか。ハッキリと言ってしまうのもいいと思います。

女性の中には、デートは男性がいろいろと考えるものであり、デート内容によって男性を判断する方がいます。デートに慣れていない男性は、失敗もするし、女性の期待には応えられない場合もあるのです。一回だけの雰囲気や結果で判断するのではなく、女性側も協力して楽しむ姿勢がよい出会いを作ると思うのです。

男性は、相手が楽しめるように計画を立て、女性はそれを大きな心で楽しんでもらえたら、次のデートにもつながるでしょう。

4 デートスポットや食事場所などの選択をどうするか

男女の付き合いには、「驚き」「発見」「感動」が効果的だとよく言われます。これはデートだけでなく、会話やプレゼントなどのいろいろな場面にも同様です。男女の付き合いだけでなく、一般に「旅」などでも必要かもしれません。日常生活とは少し離れたものに、人の心が動かされるのでしょうか。

デートでどこに行くかの計画の段階で、より相手の心を動かすにはどうすればよいかと考えましょう。

生徒の質問の中でデートに関するものでは、

「どこに行ったらよいでしょうか？」

「いつも2〜3回目のデートで断られるんです……」などが多いです。

実際どんなデートをしているのかを聞くと、

「映画や水族館、アウトレットモール、雑誌で紹介されるスポット、そして普通に食事……」

ありきたりで、あまり工夫が見られずインパクトに欠けているのではと思います。恋人の仲ならどこへ行っても楽しいので大丈夫かもしれませんが、まだ人間関係ができていない間柄なので、最初の頃のデートはそれなりに内容が大事になってきます。

さらにいろんな男性に聞いてみると、皆さん場所が似ています。以前、お見合い活動をしている女性と話したときにこんな話がありました。

「お見合いしてデートになると、みんな同じようなところを提案してきます。そこは、以前のお見合い相手と行ったところやもう友達とすでに行ったところなどです。とりあえずまた行ったのですが、やはり何度も来るとあまり新鮮さがないし、楽しめませんでした。でも、前のお見合い相手と来ましたとも言えないので……」

デート場所の選定で失敗しているのではと思える方は、計画性があまりなく、場所もとりあえず適当に決めている感があります。まるで人気のないツアープランのようです。そして、ただ相手を連れまわすツアーコンダクターになっているのです。

また、デートに慣れていないため、わからないまま適当に決めている男性もいます。わからない、慣れていないのは単なる言い訳です。結局は、本当に心の底から相手とハッピーになろうと思っていないのではないですか？　それならデートなんてやめなさい。一緒に行く相手に失礼です。

他に失敗する男性で、自分が行っているデートを相手がどう思っているかを感じとろうとしない方がいます。ありのままの自分でいい、これでいいと思っているのです。相手を心地よくするために大事なことは、相手がどう思っているか・どう感じているかを、察知すること・理解すること・感じることなのです。これでいいのではと思った時点で、人の成長はストップしてしまいます。デートも一緒です。

ではどのような場所の選択がよいでしょうか。講座では次の3つのパターンを考えてもらっています。

① 定番スポット（ただし、新しいところ）
② 相手が行きたいところ
③ あなたが輝くところ

定番スポットは雑誌やネットでよく紹介されている場所です。ただ、もう何年も前からある、行きつくされた場所では、相手は何度も行っている可能性があります。できるだけ新しいところを探しましょう。新しいスポットやお店は、話題性もあり、楽しめる要素が高いです。食事の場所も新しくて雰囲気のあるお店がいいに決まっています。まだ相手も行ったことがない、友達とも行ったことがないと思われるところを見つけてください。

相手のためを思い、どれだけ探せるか、準備ができるかで、デートが左右されるのです。努力する気持ちがあれば、雑誌でもネットでも、情報などいくらでも手に入ります。失敗している方は、まだまだ努力不足かもしれません。

次に、相手が純粋に楽しめる可能性のあるデート場所はどこでしょうか？　やはり、相手が行きたいところです。そこに一緒に行くことが一番だと思います。そのためには、前もって相手の行きたいところ・やりたいことをリサーチしなければなりません。これを会話で自然と引き出せるかどうかです。

女性に「どこに行きたいですか？」とすぐ聞く男性が結構います。ダイレクトに聞くのも方法の一つですが、失敗している方は聞く雰囲気ができていません。会話の流れや表情や声などの尋ねているときの状況です。突然メールで聞いてきたり、いかにもわからないから女性に聞いてみたという雰囲気なのです。女性にしてみれば、「この人、ただ単に自分で考えるのが面倒だから？」などと思っても仕方がないと思います。あなたが女性なら、そんな男性と喜んでデートしようと思いますか？　女性は男性がどんなところに誘ってくれるかで、相手の度量や自分への興味を測る場合があります。

会話の中で出てきた、相手の趣向や最近流行っていること、行ってみたい場所に誘ってみたり、提案したりしてください。相手が最近、豆腐料理にはまっていたら、美味しい豆腐を食べにいきましょう。相手も野球が好きなら、試合を見に行きましょう。絵が好きな相手なら、美術館情報を調べましたか？

3つ目のお勧めパターンは、あなたが輝くところです。これは、あなただから相手を連れて行ける場所でもあります。例えば、あなたが見つけた景色がよい場所や夜景がキレイなところ、穴場のお店などです。また、そこに一緒に行けば、あなたが輝く場面が作れる場所です。それは、カラオケが上手ならカラオケ店だし、サッカーに詳しいならサッカー場なのです。

このパターンで成功された方の例です。彼は何回目かのデートで、家を見に行きました。彼の仕事は建築関係で、その家は彼が作った家なのです。結婚を意識している女性は、必ず男性の仕事が気になっています。その家を見て、女性はその彼をよりステキと感じたのかもしれません。

あなたは自分が輝く場所をもっていますか？

デート場所を決める前に考えていただきたいのは、なぜその場所なのか？ということです。なぜ映画なのでしょうか？ なぜ水族館なのでしょうか？ なぜファーストフード店なのでしょうか？ そこにあなたは本当に行きたいのでしょうか？　相手はその場所を望んでいるのでしょうか？　考えてみてください。

最初の頃のデートでどれだけの時間を過ごしたらいいですか？　という質問をもらいます。まだ人間関係ができていないうちは、長時間は避け、中身の濃いものが理想です。もう少し一緒にいたいなぁ～と感じるくらいで、楽しみを次に取っておくのです。

目安としては、一日で2度食事をしない程度とよく言われます。

失敗例で、最初のデートで遠出をしたり、アウトレットモールで8時間過ごした例があります。デート慣れしていて、長時間でも相手を楽しませることができる方はよいのですが、そうでない場合は、相手は単に苦痛を感じるだけです。相手が疲れないか？　楽しめるか？　を考えながら、デート場所を選択しなければなりません。ただ一緒にいればよいというわけではないのです。

デート場所を決めることが多い男性にとって、**デートはプレゼンテーションです。**今後自分と付き合うことに対して、相手に期待をもってもらわなければなりません。ありきたりで「驚き」「発見」「感動」が少しも生まれないのであれば、次はないと考えて、相手を心地よくしようと努力を惜しまないでいただければと思います。

　最後にドライブについてです。未婚男性の４大趣味である「ドライブ」での失敗例をこれまでたくさん聞いています（※４大趣味とは、「ドライブ」・「映画鑑賞」・「読書」・「音楽鑑賞」の４つです。これは婚活を行っている男性の趣味のトップ４です。これを趣味に挙げる方の多くは、特に趣味がないため、ありきたりの趣味にします。４大趣味しか挙げていない方は、イコール趣味がないと思われても仕方ありません）。会話が上手な方以外は、初期のデートにドライブは避けるべきです。車の中は二人っきりの密室で、会話が続かないと必ず沈黙となり、気まずい雰囲気が継続します。相手は途中で降りることもできないし、気を抜くこともできないのです。会話が得意でない方は、もっとお互いを知って、共通点や話題が増えた段階まで来たら、ドライブが許されます。車での移動を極力少なくして、街中でのデートを心がけるのは、相手のためでもあり、失敗しないようにする自分のためでもあるのです。

　女性は、ドライブなど車の移動が多い場合は、それなりに覚悟をしてくださ い。まだ相手のことを知らないし、どうも会話が難しそうな男性とは極力避けるべきなのです。

自分は会話が得意と思っている男性と、ドライブをしたという女性の話を聞いたことがあります。男性はとにかくしゃべるのですが、女性にとっては興味のない内容ばかりです。でも聞くしかなく、とても苦痛な体験だったそうです。会話の「得意」と「しゃべれる」では違います。得意な方は、相手の反応を見ながら楽しませることのできる方であり、単にしゃべれる方は、自分中心で自己満足しているだけなのです。

デート場所について話してきましたが、生徒の中にはこんな意見もあります。なぜこんなに男性が苦労しなければならないのか！　努力しなければならないのか！　という意見です。

これまで何回もお見合いやデートをしている方なら、時間や費用面で嫌になってくることもあるでしょう。そう感じる方は、こう考えてみてください。デートは恋愛や結婚では避けることはできないのです。デートは結婚というパートナーを決める過程ではなくてはならないものであり、二人の今後を見定める予行演習なのです。この努力があなたの血となり肉となり、異性とのコミュニケーションが向上していくのです。デートに失敗している方は、これまで努力不足ではないか謙虚に反省してみてください。相手がどんな女性でも楽しませることのできるご自身を目指してください。何で男性だけが!!　と思ったら、もう結婚はあきらめたらいかがでしょうか。そういう思いがあれば、結婚してもうまくいかない可能性があります。

女性の中には、デートなのに最初から非協力的な方がいると、男性生徒から聞いたことがあります。おそらく、男性の努力不足やデートに慣れていないことも考えられます。ただ、相手への期待感が大きかったり、受身の姿勢では、女性にとっても意味のない時間になります。この時間を過ごすことを決めたのであれば、相手に協力して楽しい時間を過ごせるように心がければ、もっと異性とのコミュニケーションが向上するでしょう。それが今後の新たな出会いにも活かされるのです。

5　食事で相手が見えてくる

デートには食事がつきものです。食事の場面は重要で、「食」がお互いのライフスタイルや価値観、これまでの体験などを表現する場であるのです。会話がメインのデートに、「食」という場面が入ることにより、お互いがあらためて相手を感じることになります。

まずはどこで何を食べるかを決めなければなりません。デート場所選択でお話ししたように、相手のことを考え、楽しく心地よい食事となる食べ物やお店を選択してください。この設定で、デートがよいものになるかどうか違ってきますが、それ以上に失敗する要素があります。それは、食べ方のマナーです。

デートで不評だった原因を聞くと、「相手の食べ方が悪い」ということをよく聞きます。食事のマナーと言えば、一般的に「テーブルマナー」や「箸の持ち方」、「音」などがあります。ひじをついたり、クチャクチャ音をたてて食べたりなどは、同席している相手に不快感を与える行為です。

食事のマナーは、長い年月をかけて家庭で作られたものが多いため、自分ではそれがマナー違反だということに気づいていない場合が多く、他人に指摘されて改めることになります。デート中に相手はマナーを指摘してくれません。相手に悪い印象だけが残ってしまうのです。食べ方に自信がない方は、家族以外でいろんな人と食事をしてみましょう。特に異性の友達で、悪いマナーを指摘してくれる人間関係を作ることが大切です。

デート中は相手にチェックされているのですから、生活の基本である「食」で相手に不快感を与えないような気遣いをもってください。

6 会計の問題

デート時の会計に関しては、よく質問をいただきます。「毎回男性が払わなければならないのか？」「女性はどうすればいいのか？」などです。

男性にとっては、デート費用も重なれば結構な出費となります。でも、どんな場面でも男性が相手の分も払うのが基本です。それが世の中のルールになっているのであり、それに逆らうのなら、女性と付き合うのはあきらめるか、女性が喜んでお金を出してくれるほど魅力的な男性になるしかないのです。

一般的なデートの男女関係は、女性が男性に期待をしています。頼りがいのある男性、引っ張ってくれる男性、自分を守ってくれる男性などのイメージを男性に期待しているのです。言動がお金にケチと感じさせたり、割り勘を頼んだりする男性では、期待感は一気に冷めてしまいます。自分が女性の立場ならどう感じるでしょうか？　男性が支払うのが当たり前なら、スマートに会計をしたいものです。この状況は、期待している方に応えるというもので、デートの会計は女性が期待している方なのです。

では、受ける立場の女性はどうしたらよいでしょうか。男性の気持ちで考えれば、素直に喜んで受けてもらいたいでしょう。さも当然な態度やあいまいなお礼の言葉では、期待に応える側の男性も寂しいものです。

7　お店などに文句をつけない

デートスポットがあまり楽しくなかったり、食事した店が美味しくなかったとき、皆さんはどうしていますか？　映画でもそれぞれ好みがあるように、食事やデートスポットでも満足できない場合も出てきます。あなたはよくても相手が不満だったり、その逆もあるのです。

食事の味に文句を言ったり、批判的な感想をもらす方がいるのですが、デートでは雰囲気を壊さないためにも、胸にしまったほうがよいです。自分は不満でも、相手はそう考えないかもしれないですし、文句を聞いてる方はあまりよい気分ではありません。

ご自身の考えというものは大事ですが、感情的に発した言葉や考えなしに言った意見が、デート相手の反感を買ったり、あなたの評価を下げることにつながるかもしれません。相手のことを気遣い、言動に注意することが必要です。

8　次回のお誘い、別れ際のあなた、お礼のメール

デートスポットで楽しく過ごし、食事もして、そろそろお別れの時間です。デートの時間はお互いの状況を気にしつつ、次につなげるためにも、あまり長時間にならないうちに終わるのがよいと思います。もちろんお互いにすごく盛り上がっているのなら、多少はいいかもしれませんが、まだ初対面に近い状態では気を

遣って疲れるものです。

お別れの時間のときまでに、二人は次回どうするか決まっていますか？　いつ会うのか、どこに行くのか、何をするのか？　何度かお話ししたように、コミュニケーションで大事なのは「誘う」ことです。相手が誘いを受けやすいように、いろんな提案を用意して、相手の反応を見ながら、ぜひ誘ってみてください。

誘ったときの相手の反応で、本日のデートがどうだったかということもある程度わかります。でも結果は気にしないで、まずは誘うことです。

次に別れ際にやらないといけないことがあります。お礼と「さようなら」を終えて、二人はお互いその場を離れることになりますが、相手が見えなくなるまで離れながら何度か振り返ってください。男性なら女性が見えなくなるまで、手を振ったり笑顔を向けてください。

相手と別れるのが名残惜しかったり、次回もまた会いたいという気持ちが強ければ、自然とこのようになると思います。けど疲れていたり、感情を表現するのが苦手な方は、相手を気にせず、すぐに帰っているかもしれません。振り返りもしない相手を見てしまうと、あなたならとても寂しい気持ちになってしまいませんか？　相手はデート楽しかったのかなぁ？　ってきっと思いますよ。相手が気持ちよく帰れるように、別れ際は気をつけてください。

別れた後は、30分以内にお礼の携帯メールをすることを忘れずに。これは習慣づけておきましょう。返信を要求する内容でなく、あくまでもお礼と次回も楽しみな気持ち、今日のデートに少しふれたらいいのです。

column

「付き合ってください」と言ってみよう

デート相手とは、どのタイミングで恋人になるのでしょうか？

2回デートしたから彼女！　とか、Hしたから彼氏！　というわけではありません。お互いが言葉で彼女彼氏になることを意思確認して、はじめて恋人同士になるのです。

意思確認とは、どちらかが「付き合ってください」とか、「彼女になってください」とかの恋人関係になりたい意思を、言葉で相手に伝えることです。その前に、それをしてもよい相手なのかと、どのタイミングで行うかということを考えないといけないのです。

デートはできても、なかなか恋人ができない方は、これらの過程がスムーズにいっていません。

生徒の中には、何回かデートしているのにお互いの意思確認もなく、まるでデート仲間のようになって、最後には自然消滅になるケースもあります。お見合いしているある女性の話では、何度会ってもいつも世間話止まりで何も進展がないので、その方を断って次の相手を探したことがあったとのことです。

女性から「付き合ってください」と言うのは、なかなか難しいことですので、結局男性がどのタイミングで言うかということにかかっています。

よく生徒から、「何回目のデートで彼女になってくださいと言えばいいですか?」と質問があります。

回数は決まっていません。大事なのは、デートによってお互いの距離感が近くなったかどうかです。

距離が近くないと何回目のデートでも、相手が受けてくれる可能性は少ないです。初デートでも、お互いの距離が近くなって相手が受け入れやすくなれば、恋人になれる可能性も高いのです。

「付き合ってください」と言えない男性の話では、断られることが怖かったり、相手の気持ちがわからないので、タイミングがつかめないようです。

断られるのが怖いなら恋愛はできません。

相手の気持ちは、読み取らないといけないし、わからないレベルでは、おそらく相手との距離が近づけてないのでしょう。

デート相手から恋人に早く昇格するには、デート内容も含め、相手と早く距離感が近づくことと、男性からの早めの意思表示が必要です。「彼女になってください」や「あなたが好きです」などを早めに伝えられるシチュエーションを男性が作るのです。

これらの言葉を伝えることにより、相手の意思がわかるし、何より「付き合ってください」は相手に対する賛辞なのです。

出し惜しみせずに、タイミングよく行ってください。

一度断られても、デートした相手なのだから、再度アタックする熱意が大事です。

lesson

06

「結婚したくなる人」のつくり方

lecture

07

結婚への距離を縮めるための基本

Q 「メールや電話のレスポンスが遅いのが気になります」（ユミコさん）

たくさんの出会いやデートを重ねて、ある男性の恋人へやっと昇格しました！　でも、彼にメールしてもすぐ返事がないと不安で、こちらから何度もメールとか電話をしてしまいます。そしたら最近は、本当に返事が来なくなってしまいました。

先生、私嫌われてしまったんでしょうか？　彼に嫌われずに長く付き合いたいんです。私、どうしたらいいですか？

Ⓐ「親しき仲にも礼儀ありです」（大橋先生）

恋人昇格おめでとうございます。

これからがさらに楽しくなっていくのですが、まだまだ乗り越えないといけないこともでてきます。相手との連絡ですが、ユミコさん、何時頃にメールしていますか？

仕事中の時間帯に、プライベートメールに対してすぐ返事が返ってこないのは、当たり前ですよ。たとえ恋人同士でも最低限のマナーがあります。

相手が電話に出るまでスッキリしないのはわかりますが、相手に着信を残しておけば十分です。

また、好きな人とは毎日話したいでしょうが、お互い仕事をもっているし、ライフスタイルも異なりますので、少し物足りない程度にとどめて、お互いが負担にならないように気遣いましょう。あまりこちらが追いかけすぎると、相手は引いてしまうかもしれませんよ。

携帯電話ではなかなか連絡がとれないので、メールでのコミュニケーションが必要になってきます。

メールが得意な方はいいのですが、不得意な方は恋愛でも失敗しているケースが多いです。

用件もないのにその日の出来事をダラダラ書いた内容を送ったり、そっけない連絡のみのメールで頻度も少ないと相手に誤解されるかもしれません。

次の「メールのポイント」を参考に、これまでのメールを振り返り、今後に活かしてください。

メールのポイント

メールはもう一人のあなたです。

人は相手を第一印象や会話などで「こういう人だ」と判断します。それ以外に、メールや電話の対応などでも判断することもあります。会ったときは、元気で明るい印象だったのに、もしメールや電話の声が何か暗そうな印象だったら、どっちが本当の相手なんだろう？　と単純に思います。

実際会ったときとそれ以外が一致して、相手への印象が固まるのです。相手との距離をさらに近づけるためには、メールでのコミュニケーションがスムーズに行くことが重要です。会っているときと同じように相手のことを気遣うマナー力が必要でしょう。メールを軽視していると、知らない間に自分の評価が下がっていくのです。

1　男性へのメール

男性の多くは鈍感で、女性が察してほしいと思って送ったメールも、どういう意味かわからない場合があり、せっかくの縁がつながらないことがあります。

相手が理解しやすいように、男性へのメールは、はっきりと用件（目的）を伝えてあげるのがポイントです。

例えば、「またご一緒できればうれしいです……」、「今度もぜひ誘ってくださいね……」、「今月は比較的、週末は空いています……」など、誘いやすく、好感が伝わる文面をもらうと男性は行動しやすいです。

はっきりした文面なのに男性の反応が悪い場合は、脈がないことが多いでしょう。きっぱりあきらめるか、友人のスタンスでチャンスを窺《うかが》い、並行してご自身を魅力的に磨く必要があります。

2 女性へのメール

男性で失敗しているケースは、

① マメにメールしない冷《さ》め系
② 返事がかえってくるまで何度もメールするしつこい系
③ 相手のスタイルに合わせられない自己中心系

などがあります。

日頃メールをしていない男性は、メールをすること自体が面倒と思い、たまにメールをしても用件のみの連絡手段のような使い方です。

相手もそのスタイルならいいのですが、女性は男性よりメールの頻度が多いため、「メールをマメにくれない」イコール「私に興味がない」と感じるかもしれません。

メールは会話の一種なのです。

「こちらからメールしない」、「返信も遅い」は、会話でいう「相手に話しかけない」、「興味がないので反応が悪い」と一緒です。一日一回は、相手の興味を引く話題やその日の出来事、軽く誘ってみたりして、相手が返信しやすい内容をメールしてみましょう。

何度もメールするしつこい系の方は、相手の反応を理解せずに一方通行のコミュニケーションをしています。相手のことを意識せずに、自分だけが一方的に会話するようなものです。

お見合い後の交際で、返信がないから何度もメールする男性がいると聞いたことがあります。そういう方は、携帯電話でも相手がでないと何度もかけているのではないでしょうか。

私の生徒にもそういう方がいました。相手には着信履歴が残っているので、電話があったことはわかっています。メールや着信履歴がたくさんあると、まだ人間関係が浅いので、かえって相手を怖がらせるでしょう。相手の気持ちや状況を考えてメールや電話をしなければ、関係が深くなるどころか気持ちが離れてしまうのです。

女性へメールをしたが返信がない場合は、今後発展する可能性はほとんどないと思ってもよいでしょう。**相手に興味があれば、どんなに忙しくてもメールを返信する数分はいくらでも作れます。**

失敗している方は、メール技術を磨く前に、第一印象や会話などを磨くことが必要なのです。

人はそれぞれ会話のスタイルが違うように、メールでも異なります。それは文面に表れるのです。軽いノリの方や絵文字も使わない硬派な性格の方、意味もなく自分のことばかり書く日記調の方や、相手のことを気遣って優しい言葉を書ける方などいろいろです。

自分のスタイルを通すだけでなく、相手に合わせて少しスタイルを変えてみたり、お互いの距離が近くなったら少し文面をくだけたものにしてみることも必要です。

以前お見合い経験者の女性がこんなことを言ってました。

お見合い後の交際で、何度か会った男性とメールをやりとりしていたのですが、彼はいつも○○様から始まり、文面も硬く、何かぎこちなかったそうです。彼と言うわけでもないし、友達にもなれないようなコミュニケーションが続いたようです。

メールは会話と違い、顔が見えないので、言葉だけで感情を表現することになります。

その分、誤解やすれ違いを生むこともあるのです。うまくできていない方は、会話以上にメールを勉強する必要があります。

男性がメールでしなければならないことは、会話と一緒で、女性を誘うことです。カフェでも食事でも、映画でも何でもよいです。

とにかく会うために誘います。

ただ、相手が好意をもっていたら応えてくれますが、まだ最初のうちはいきなり誘ってもなかなか反応してくれないかもしれません。

結局は会話と同じで、相手が受けやすい環境作りが必要になります。お互いの共通点や相手が興味のあることをネタに、相手が誘いを受けてみようという気持ちにさせられるかどうかです。

3 メールをもっと活かすために

メールが有効なツールである利点は、次の2つだと思います。

時間をともにして別れた後の「お礼メール」と、相手にとって大事な「記念日メール」です。

デートなどをした後、別れて30分以内に「今日はありがとう。楽しかったです」という内容のメールを相手に送ってください。何が楽しかったのか、印象に残ったことなども一言入れたらよいでしょう。これで楽しかった時間がさらに記憶として相手に残るのです。

もう一つの記念日メールは、相手のうれしい日をあなたが覚えていてくれたということです。

人は自分のことが一番で、他人のことは二の次です。誕生日だからといって、友達全員が気にかけてくれているわけではありません。

このちょっとした気遣いが、相手にとっては特別なものに感じられるかもしれません。あなたももらう立場ならうれしいはずです。電話では恥ずかしい一言も、文面なら表現しやすいかもしれません。

メールを活かすのなら「お礼メール」と「記念日メール」は、ぜひ行ってください。


忙しい現代人には、いつでもすぐに相手へメッセージを伝えることができるメールは、大変便利なコミュニケーションツールです。

会話だけでなく、メールでのコミュニケーションもよくすることが、相手との距離をさらに縮めることになるのです。

lecture

08

恋人の家族・友人との接し方

Q 「彼女の友人とのコミュニケーションが苦手です」（アキヒロさん）

彼女の友人たちとの食事会も面倒なんです。女性ばかりが数人集まってるところに僕が参加しても、何を話せばいいかわからないし、女性の会話って結論というか終わりがないことばかりだし。だからって黙っていると感じ悪いから何か意見を言うと、あとで彼女が怒ってるしで、いいことないんです。彼女のことは好きなので、うまくやっていくにはどうしたらいいでしょう？

Ⓐ「そんなあなたを彼女はチェックしています」(大橋先生)

彼女との関係を良好にするには、彼女とだけコミュニケーションしていればというわけにはいきませんよ。相手の周りの人たちとのコミュニケーションも大事になってきます。相手は、あなたが他の人とどうコミュニケーションしているか見ているのです。

彼女にだけ気を遣っていて、他は関係ないという姿勢では、そのときは彼女にとっていいかもしれませんが、結婚のように今後長い年月を考えると、このパートナーで本当にいいのだろうかと少し考えてしまいます。

他者とのコミュニケーションもスムーズにできることが、相手との距離をさらに縮めるポイントなのです。

次に挙げる「相手以外とのコミュニケーションのポイント」を参考にしてください。

恋人以外との接し方も重要なポイント

交際が続くとお互いのことが少しずつ見えてきて、マイナス面や気になることもいくつか出てきます。

そして、恋人が自分以外の人とどう接しているかも見えてくるのです。特に自分の友人や無関係な第三者への対応が、期待しているものと違っていたら、戸惑ってしまうかもしれません。

恋人同士の段階では、相手のことだけ考えていたら、周りはあまり関係ないかもしれませんが、結婚を意識する間柄になるためには、周りの人々とのコミュニケーションも重要なのです。

周りの人たちへの対応には、あなたの性格や態度が現れます。相手はそれを見て、本当のあなたを感じるのです。

もしそれが悪い印象なら、自分にはよくしてくれるのになぜ？　本当はこのような性格なのでは？　いつか自分にも……、と考えるかもしれません。あなたが恋人にも他の人にも同じように接しているなら、相手は安心できます。

恋人の友人との接し方は、無理をするほどではありませんが、できるだけ好感をもたれるように心がけましょう。誰でも自分の恋人は、友人や親などからよく見られたいものです。見栄もあります。

大切なパートナーのために、期待に応える努力をしましょう。

結婚を意識する相手なら、相手の周りの人間関係も受け入れる覚悟が必要なのです。よい結果を出していない方は、大体は面倒がってコミュニケーションを避けているだけだと思います。恋人の友人は、きっと恋人と近い考えや趣向だと思います。

こちらから積極的に接すると、思った以上にスムーズにコミュニケーションがとれるはずです。

恋人の前で、関係がない第三者への対応で失敗される方がおられます。

例えば、電車の中でお年寄りに席を譲ろうとする気配もなかったり、お店の店員に対して横柄な態度をとるなどの、第三者に向けてのあなたの態度を、恋人はどう思っているでしょうか？

ある男性生徒の方が話していたのですが、彼女が両親と電話している会話を聞いて、少しショックだったとのことです。いつも丁寧な話し方の彼女が、実の親との電話ではすごく横柄にしゃべっているように聞こえて、自分には見せていない部分だと感じたのです。

二人のときだけでなく、周りとのコミュニケーションが上手にできるパートナーこそ、安心して一緒に結婚へと進むことができるのです。

lecture 09

恋人のお宅訪問マナー

Q 「彼女宅での訪問マナーを教えてください」（アキヒロさん）

彼女の家に初めて訪問します。食事の際、マナーが悪くてふられた経験があるので不安です。女性の家でのマナーを教えてください。

A 「相手の部屋は相手の城です」（大橋先生）

女性は靴の脱ぎ方、トイレの使い方、食事のマナー、手土産など、男性は気がつかない細かいところをチェックしています。彼女に限らず、他人の家に訪問したときの常識的なマナーを心がけてください。アキヒロさんは努力されたので以前とは違います。何度もデートして女性とのコミュニケーション力も上がっています。自信をもってください。

一緒にいても苦にならない配慮を

付き合いが進んでいくと、お互いの部屋に行くこともあります。何回かのデートを重ねた後、お宅訪問となるのでしょう。普通のデートと少し異なるシチュエーションは、いままで気づかなかった相手の人間性や習慣が見えてきます。

まず気をつけなければならないのは、**相手の部屋は相手の城**だということです。恋人の価値観がその部屋に現れています。その城に訪れる側は、その部屋を物色したり、批判したり、汚すことは、相手の価値観を否定するようなものです。

例えば、部屋に入ってすぐに部屋中をジロジロ見回したり、勝手にものに触ったり、自分の部屋のような振る舞いでは、相手はいい気持ちにはなりません。

とくに男性が招かれる場合に気をつけなくてはならないことは2つあります。1つは**靴の脱ぎ方**です。靴の脱ぎ方一つで、その人の倫理観が出ると言ってよいでしょう。靴はきちんと揃えるのがお宅訪問時のマナー。その人の生活スタイルが雑かどうかがわかってしまいます。

もう1つはトイレの使い方です。**トイレ使用後、便座は必ずおろしてください。**便座をあげっぱなしというだけで、気分が悪くなる女性が多いことを知っておきましょう。そしてトイレは必ず清潔に使用してください。

これは、男性の部屋に女性を招く場合も同様です。男性の方は、女性を招く際にはトイレはとくに清潔に、念入りに掃除をしてください。

男性も女性も、招かれたことに感謝して、相手のライフスタイルである部屋をもっとほめてください。

招かれる側のマナーの一つは手土産です。話題のスイーツや相手の趣向に合わせて、ちょっとしたものを必ず用意しましょう。食べ物ばかりでなく、部屋で一緒に過ごせるようなゲームやCD、DVDなどもコミュニケーションのキッカケになります。

どちらかが一人暮らしなら、一緒に料理をするのもいいですね。女性の料理がうまかったり、男性が積極的に手伝ってくれたりすると、より二人の距離が近づくのではないでしょうか。

そしてお泊まりもできるようにがんばってください。外でデートしているだけでは見えてこないお互いの様子が、寝食を共にすることにより、時間をたくさん共有することにより見えてきます。

ここで、**とくに男性が気をつけなくてはならないのは、洋服の脱ぎ方です。**脱ぎっぱなしだと生活全般がだらしない人だと思われてしまいます。

部屋で二人過ごしている雰囲気が、自然で楽しく、ずっと一緒にいても苦にならない。たとえ沈黙の時間があっても気にならない。そんな相手と結婚したいものですね。

lecture 10

はじめての旅行

Q 「素の自分を見せるのが怖い」（ユミコさん）

はじめての彼との旅行です。すっぴんを見せるのは怖いし、寝顔も自信がないし、素の自分を見られて、ふられたらどうしよう……と心配で旅行を楽しめるかどうか不安です。せめて、宿泊時の気配りや注意点を教えてください。

A 「楽しむ気持ちが大事」（大橋先生）

すっぴん、寝顔、着替え、トイレなど、相手にまだ見せていない部分の連続で緊張すると思いますが、相手の気持ちを考えつつ、二人が楽しむ気持ちを優先してください。

旅行を楽しむ姿勢が大事

よく「寝食を共にする」と人はもっと仲良くなると言われます。

修学旅行や合宿、友達との旅行のようなケースです。これは、ゆっくり会話ができる時間が増え、過去の体験やお互いの考え方などを知ることができ、さらに二人が近づくことになるからです。

人が仲良くなる一つの方法としての、「お互いのことをたくさん知っている」が実践できます。

はじめての旅行だと、相手に嫌われないようにと、変に緊張したり、かしこまったりすることがあるかもしれません。

あまり自分を出さないように構えてしまうと、本音も話せないし、二人の距離も縮まらないでしょう。あくまでも自然体で、旅行を楽しむ姿勢が必要です。

旅行は、まるで結婚後の二人の人生を予行しているようなものです。旅行先でいろんな場面や人とも触れ合うことになります。

計画がうまくいかなかったり、悪天候や渋滞などのトラブルもあります。

それを二人でどう乗り越えるか、どんな状況でも協力して楽しく過ごせることが大切です。

二人きりの旅行で、女性はすっぴんや寝顔などの生理的なことに対して、男性の反応を気にされているかもしれませんが、女性が思っているほど男性は気にしていません。最低限のマナーさえ気にしていれば大丈夫なのではと思います。

それより、旅行を楽しんでもらえているかどうかを男性は気にしています。

旅行プランにケチをつけられたり、表情も態度も楽しく見えないほうがショックです。

男性は旅行中、女性が楽しめるようにリードしてほしいです。

計画性もなく、ただ一緒にいるだけでは、別に旅行に来る必要はありません。

女性は、相手の気持ちを配慮しながら引っ張っていける男性と、結婚して一緒に人生を歩みたいと思うのではないでしょうか。

旅行中に「この人と結婚したらこんな感じなんだぁ」とふと思い、微笑んでしまう。そんな結婚したくなる人を目指してください。

lecture

11

恋人が落ち込んだとき

Q 「彼のネガティブ発言についていけません」（ユミコさん）

いま付き合っている彼、仕事がうまくいってるときはそれほどじゃないんですけど、なにかよくないことがあるとメールとか会話の内容がすごくネガティブ発言になるんです。

例えば、仕事でちょっとミスしたりすると「どうせ僕なんて期待されてないしね（笑）」とか言うんです。それで私が「ミスしても次をがんばればいいじゃない。期待されてないわけないよ」って言うと「でも、がんばっても結果が出せないと意味ないじゃん。だって、僕は皆とはデキが違うんだよ」なんてこっちが言うことを否定してくるんです。そうなると私はなんて返事したらいいかわかんないし、こっちまで元気が吸い取られてしまって会話がはずまないんです。

Ⓐ「あなたを一番の存在と思わせるチャンスです」（大橋先生）

ネガティブ単語が多い相手では、会話が盛り上がるわけがないですね。本人はユミコさんに甘えているのかもしれないけど、こういうネガティブなセリフばかり聞かされると、こちらもうんざりしてしまいます。
自分だけのことでなく、身近な相手も巻き込んでいることに気がついていないことも問題です。

では、相手がネガティブ思考になった場合、どうしたらよいでしょうか？
人間いつもプラス思考というわけにはいきません。
仕事でうまくいかなかったり、人間関係で嫌なことがあったりと、社会人にはストレスや悩みがつきものです。気持ちが落ち込めば、あなたに愚痴を言ったり、冷たくするかもしれないのです。

人間はプラス面があれば、マイナス面もあるのは当然です。

相手に共感してあげること

こちらがテンションをあげて元気づけても、相手の感情がネガティブな方向に向かってしまっているときは、お互いに温度差があるため、会話がかみ合わなくなり、ケンカになってしまいます。

自分には関係ない問題だと、ネガティブな相手に共感できず相手を否定しがちです。また自分とは距離があり、お互いが合わないのではと感じてしまうかもしれません。

もちろんパートナーには、いつも明るくポジティブにいてほしいのです。

でも、あなたはこれまでずっとポジティブだったでしょうか？　暗くなったり、落ち込んだり、愚痴を言ったことは一度もありませんか？

あなたがそうであるように、相手もマイナスな部分はもっているのです。

相手が落ち込んだときの対処法として、次の2つはいかがでしょうか。

いま相手の周りにネガティブという嵐が吹いているとします。嵐はいつか通り過ぎます。その嵐に対してあなたがどう対応するかです。

1つは一緒にこの嵐に耐え、過ぎ去るのを待つのか、もう1つは嵐がない方向に相手を導くかです。

耐えて待つパターンは、**相手に共感してあげることです**。恋人が根本的に間違っていたら問題ですが、簡単な失敗や人間関係の愚痴がほとんどです。

例えば、「仕事で失敗をしてしまって、すごく上司に怒られたんだよ！」と相手に言われたら、「それ、私もたまにやっちゃって怒られるよ。疲れてたりすると、気が抜ける場合があるんだよね〜」と返すのです。

自分の経験談も踏まえて、あなただけじゃないよと、マイナス面にも共感してあげるのです。

ずっとネガティブ思考の方なら付き合い続けるのも難しいですが、そうでないならきっと時間が解決してくれます。

いいことがあればケロッとして忘れたりするものです。嵐は必ず過ぎ去ります。

相手をいいほうに導いてあげるパターンは、マイナスはプラスで打ち消すしかありません。

相手の気持ちが変わる何かプラスなことを一緒に考えましょう。ムシャクシャしたら、カラオケで発散したり、買い物したり、美味しいものを食べまくったりしたらどうでしょう。

相手の好みに合わせて、一緒に嵐を避けるようにあなたがフォローしてあげるのです。

この2つのパターンを相手の性格や状況に応じて使い分けて、あなたはこの局面を避けたりしないで、相手と向き合ってみてください。

相手の支えになる、手を差しのべる、一緒に前に進もうとするのが、パートナーであるあなたの役目だと思います。

相手にとってあなたが一番であるように、さらに努力しましょう。

lecture

12

相手のマイナス面とどう付き合うか

Q

「彼女の異性関係が気になります」（アキヒロさん）

彼女は、一緒にいても携帯ばかり気にしています。僕の前でも平気で元カレと電話で話したりするときもあるし。それから、僕が仕事が忙しいので、友達に誘われて合コンに行ったりしているようですが、何も言えません。

A

「ストレスを抱え込まないでください」（大橋先生）

自分がされたらイヤなことを、誠実に彼女に話してみたらいかがでしょうか。

もし結婚しても、そういう不安がストレスとなって、あなたが疲れてしまい、二人の関係もきっとうまくいかないでしょう。いまの相手との将来をもっと考えて、相手と今後どう付き合うかを決めましょう。

相手を理解して向き合ってみる

相手のマイナス面とどう付き合うかが、結婚まで視野にいれたパートナーが乗り越えないといけないところです。皆さんそれぞれプラス面とマイナス面をもっています。相手も自分もそうなのです。自分はプラスと思っていても、相手はマイナスと感じるかもしれません。

ある離婚された方が、付き合っていた頃に相手のマイナス面をわかっていたが、結婚すると我慢ができなくなったと話されていました。

もっと話を聞くと、相手は少し怒りっぽい性格で、恋人のときからささいなことでよく口ゲンカになっていたそうです。結婚するまでは、お互いたまに会うだけだったのでそれほど気にはならなかったのですが、結婚して毎日顔を合わせる生活が始まると、状況は悪くなっていきます。そして我慢ができなくなったそうです。結婚前は、相手のマイナス面は気づいていたのですが、単に目をつぶっていたのだと思います。

相手のマイナス面には、理解をして向き合わなければなりません。プラスがあればマイナスがあるのも当然で、あとはお互いが相手のマイナス面を許せるのかどうかです。許せるかどうかは、あなたのこれまでのライフスタイルや考え方、お互いの価値観によります。あなたは許せなくても、他の方なら許せるかもしれないのです。この見極めを結婚前に行わないと、お互い不幸な結果になることがあります。

あるベテランの仲人さんがこう話していました。昔はお互いが80％合えば、残りの20％は許しあって結婚ができた。でもいまは、ライフスタイルや価値観が多様化しているため、80％も合う相手なんてなかなか見つからない。60％合えば、残りを許しあう努力をしないと結婚は難しい。

相手のマイナス面については、避けずに話し合いましょう。イヤだと感じることは相手に伝えないとわかりません。相手はわざとあなたにしているのではないのですから。そのとき、あなたにもマイナス面がきっとあることを理解して話をすることが大事だと思います。

相手が落ち込んだときやマイナス面が気になったとき、これをお互いが乗り越えたら、相手とはさらに距離が近づきます。もし乗り越えるのが難しかったり自信がなくなったら、お互いのために距離を置く勇気をもつことが大切です。

恋愛はお互いが同じ状態ではいつか終わります。共に成長して変化しないといけないのです。片方だけが成長すると、成長していない相手のもとから去っていきます。

たとえわかり合えなくて別れが来ても、あなたが前向きに進んでさえいれば、きっと新しい出会いがあります。恋愛は人を成長させてくれます。人は自分のレベル以上の人を好きになるものです。その人と一緒にいるためには、その人のレベルに近づかなければなりません。どんどん恋愛をして自分を高めてください。

二人の危機を乗り越えた方は、残りの人生を一緒に歩むパートナーとして、結婚がもうすぐ見えてきます。

lecture

13 プロポーズのタイミング

Q 「彼が結婚を切りだしてくれません」（ユミコさん）

付き合いも長くなってきているのに、なかなか彼がプロポーズしてくれません。この先、彼が結婚してくれるのかどうか不安です。

A 「待ちの姿勢ではいけません」（大橋先生）

どうして彼がプロポーズしないのか、何か思い当たることはありませんか？
彼はあなたや二人の将来に対して何か不安があるのかもしれません。不安のまま過ごすのではなく、何らかの方向性を見出しましょう。男性がなかなかプロポーズしてくれないという話は、たくさんの女性から聞きます。女性は待ちの姿勢ではなく、何らかのアクションを起こすことがお互いのために大事だと思います。ぜひ男性を決意させる女性になってください。

Q

「なかなか結婚に踏み切れません」（アキヒロさん）

まだまだ自分は結婚するほど大人ではない気がします。そして、もっといい女性が現れるかもしれないと思うと、いまの彼女にプロポーズできません。

A

「結婚したいと思ったときでいいのです」（大橋先生）

結婚があなたを大人にしてくれるかもしれません。もっとステキな相手が現れるかも……と思う気持ちがなくなったときや、彼女と結婚したいという気持ちが高まれば、結婚を考えればよいのではないでしょうか。

結婚を決めることは大きな決断です。自信がないと決断を先送りして、いつまでも決めないままだと、相手と自然消滅になってしまいます。

プロポーズしない・できない男性たち

いま世の中で、プロポーズしない、またはできない男性たちが増えていることをご存知ですか？　いろんなメディアや団体のアンケートでも、その現象が現れています。男性はさまざまな原因で、結婚へ積極的に進まない方が存在します。私が聞いている感じでは、それがかなり多いと思えるのです。

生徒や結婚相談所に登録されている女性会員の方々とお話ししている中でも、男性たちが結婚を真剣に考えているのか疑問視する声を聞きます。

例えばある女性は、彼がなかなか結婚への意思表示をしてくれないので、最後は別れてしまいました。そして、結婚相談所で新たな結婚への出会いを探したのです。彼女だけでなく、友達にもそういうケースが多いようです。ところが、結婚を目指しているはずの男性会員とお見合いをしても、真剣さが伝わってこない方がいることにショックだったそうです。

いま30代後半までの未婚男性で、「今年絶対結婚する！　結婚したい女性を見つける！」と考えている方がどれだけいるでしょうか？　私はおそらく少ないと思います。皆さん一応、人生の中で一度は結婚したいと考えていますが、いま絶対したいというレベルまでは達していないでしょう。

恋人の関係であれば、結婚したら背負う責任もないし、一人のほうが気楽で、時間もお金も自由に使え、特に独身でも昔より不自由しない世の中です。

どちらかというと女性の方が結婚に真剣です。これは、昔より男女の違いがなくなった世の中ですが、唯一、出産するのは女性であることも影響していると思います。

経済的にもいまの男性たちは難しい環境にいます。親たちの時代と異なり、給料は増えないのに仕事だけが忙しくなっています。終身雇用や年功序列賃金の日本型雇用は崩壊し、将来の安定は約束されていません。つまり、結婚しても自分や家族の生活の安定が不安視されるのです。

経済的にも結婚へ積極的に進めない多くの男性たちが結婚を決意するのは、例えば①子供が欲しいと思ったとき、②一人でいることが寂しくなったとき、③この女性と一緒にいるために結婚したいと感じたとき、などではないでしょうか。

女性が結婚を目指すためには、そろそろ結婚したいと考えている男性と出会うか、結婚したい気持ちにさせることができるかということです。

付き合っている彼氏が結婚をどう考えているかを探るのは、なかなか勇気がいることかもしれません。否定されるのが怖いですし、ケンカになることもあります。でも機会を待って流れにまかせていたら、ずるずると付き合って先が見えない不安が増してきます。学生時代や20代の恋愛と違い、30代は将来のライフデザインに密接に関わってくるのです。

相手との結婚を意識しだしたら、探りを入れることが大事です。例えば、ある女性は彼に旅行代を一緒に積み立てようと提案しました。お金を一緒に貯めるという行為は、将来を意識させます。結婚資金ではストレート過ぎるかもと思い、軽いものから入りました。ある女性は、一人暮らしをしようと考えていることを伝えました。親元だったのが一人暮らしになると、部屋も決めないといけないし、家具や家電などの生活用品も新たに揃えなければなりません。その過程で彼がどう関わってくるか・どう考えているかで、彼の結婚観などが見えてくるかもしれません。

どちらかが一人暮らしかどうかは重要です。同棲のように何度も泊まっていたら、たくさん話ができるし、一緒に過ごす場面も増え、相手の素行も見えてくるのです。お互いが親元でパラサイトシングルをしていると、特に不自由がなく、ライフスタイルの変化も少ないため、なかなか結婚へのキッカケがつかめないのではないでしょうか。

ある女性は、彼と一緒に動物園に行きました。小さな子供連れ親子がいる所を選んだのです。少子化で子供が減っているのは、皆さんご存知だと思います。社会人が仕事をもって普通に生活していて、日常どれだけ子供と接する機会があるでしょうか？　昔は大家族で親戚の子供や近所の子供などと接することができる環境でしたが、いまはそうではありません。私は少子化の原因の一つとして、未婚者が日頃子供と接していないので子供が欲しいと思えないのではと感じています。彼女は彼と動物園に行って、彼が子供に対してどう考えているかわかるキッカケを作ろうとしました。

ぜひ恋人と将来のことを話すキッカケを作ってみてください。これを避けていたら、女性は結婚を意識していたのに、男性は全然その気がないことがわかり、人生の方向性が違うためお別れしないといけない、という状況にもなりえます。

男性が動かない分、女性側から結婚への誘導や相手へのプレッシャーが必要になってきます。でも一番いいスタイルは、彼があなたのことをとても好きで、一日でも早く一緒に過ごしたい、残りの人生を一緒に歩きたいと思うことです。あなたがさらに魅力的に輝くことが、結婚への近道かもしれません。

男性は、女性が結婚を男性以上に意識していることと、女性特有のライフデザインがあることを認識することが大事だと思います。自分自身の問題のために結婚を決意できなかったり、避けているのは、いまお付き合いしている女性に失礼であり、相手の人生にも関わってきます。決められないのなら、お互いのために早く結論を出さなければなりません。

プロポーズを決めたなら、ぜひ早く相手に伝えてください。言葉なんて何でもいいです。この世の中たくさんの男女がいる中で、この人を残りの人生のパートナーと決めたのです。他でもない、この人を。これを伝えることは、相手にとって人生最大の賛辞なのです。

二人の婚活報告

最後の講座が終わってから3ヵ月ほど経って、ユミコさんよりメールが届きました。

大橋先生

ご無沙汰しております。生徒だったユミコです。先生はお元気でしょうか？　私ついに結婚が決まりました！

彼は登録していた結婚相談所で知り合った35歳の男性です。

何十人もお見合いして、なかなかいい人に巡り会えなかったのですが、彼とは最初から波長が合ってすぐに打ち解けられました。見た目はいわゆるイケメンではありませんが、私のことを大切にしてくれるし、私の趣味とかも理解してくれるんです。私のすべてを受け入れてくれた彼を、私も受け入れたいと思うし、これからも一緒にいたいって思ったんです。交際中は時間があれば会っていたので、相談所のアドバイザーの人にも驚かれました。

昔の私なら、結婚相談所に登録することは考えられなかったので、大橋先生のお言葉どおり勇気を出してみてよかったです。何もしないで彼とは出会えなかったんですから。来週、お互いの家族の顔合わせです。いまから緊張してます！　でもきっと大丈夫です。私は彼と結婚するって決めたんですから。

彼がプロポーズしてくれたとき、とても嬉しかったです。彼も私に決めてくれたんだって思うと、私も彼と幸せになろうって気持ちになりました。

婚活する前やなかなかうまくいかないときは、いい相手がいなかったら結婚せずに一生一人でもいいかなって思いましたが、いまはパートナーに巡り会えて幸せです。

先生がおっしゃっていた、「相手が幸せにしてくれるのではなく、自分自身が幸せになり、相手と共に幸せになるのです」を忘れず、充実した人生を過ごしたいです。

先生の活動により、多くの未婚者がパートナーと巡り会えることを願っております。またご報告に行きます！　ありがとうございました。

ユミコ

一方、アキヒロさんからはその後連絡がありません……。生徒仲間からは、出会いパーティーで知り合った方と付き合っているとの「うわさ」があっただけです。最後の講座より1年半、突然、アキヒロさんよりメールがきました。

大橋様

先生こんにちは。お久しぶりです。1年以上前に講座を受けたアキヒロです。覚えておられますか？　連絡を怠って申し訳ありませんでした。

実は1年前に、出会いパーティーで知り合った女性と結婚しました。できちゃった婚だったのもあってこの1年いろんなことが起こりました。本当にあっという間でした。生活も当時とは180度変わりました。

子供が3ヵ月目になり、最近笑顔が増えてきました。子供を見ていると、先生のおっしゃったことを思い出して、遅くなりましたがメールしました。

「パートナーや家族ができることにより、あなたを本当に必要としている人ができます。結婚によりあなたの存在意義が深まるのです」

この言葉、当時はあまりピンとこなかったのですが、いまは実感しています。結婚は一人のときより大変なことや面倒なことも多いのですが、代わりに得るものがたくさんある気がします。あのとき、自分を変えるために努力してよかったです。

結婚に遠かった男が、先生の講座をキッカケに変わったことを、パートナーを得たことを皆さんに伝えてください。先生のあの熱意で。

お世話になり、ありがとうございました。

サトウアキヒロ

おわりに

人生はパートナー探し

「これはいける！」

私が5年前に「花婿学校」という未婚男性向けのビジネスモデルを始めて、単純にこう思いました。

その頃、パーティーなどの出会いの場において、第一印象などで女性受けしていない未婚男性がたくさんいたのです。また、出会いの場にさえ出てこない未婚男性もたくさんいました。

彼らに必要なのは、まず外見を磨くことと出会いを増やすことです。それを教えてあげる場があれば、男性たちも変わるし、「いい男がいない！」と嘆いている未婚女性たちも救われると思ったのです。

ちょうどテレビの取材もたくさん入ったため、さらに私の期待は膨らみます。

しかし数ヵ月後、私の期待は裏切られました。

たくさんのマスコミに出ても、未婚者にアプローチしても、彼らの反応はいまいちなのです。皆がそれほど自分を変えようと考えていないし、出会いに貪欲でもないのがわかりました。未婚者の7割近くは恋人がいないという現状からすると、納得できます。いまの自分を変えずに、いまの自分のままで合う相手との出会いを待っているように思えます。

いま恋人がいない方で、「今年絶対結婚したい。そんな相手と出会いたい！」と心の底から強く願っている人が、いったい何人いるでしょうか？　おそらくとても少ないでしょう。

一方、私の講座を受けてくれる方は、真剣な方が多いです。

「いま自分を変えないと、いままで結果が出ていないのに、今後も結果が出るわけがない」という厳しい私の言葉を理解してくれます。いまの時代、結婚するのが簡単ではないという現実を知った私は、彼らの気持ちをさらに高めることが重要と考え、何時間もしゃべり続けます。昔の自分と同じような皆さんを見て、私はその当時を思い出し、熱いものがこみ上げてきます。結婚へ進める方は、素直に自分を磨き、出会いに進み、相手を思いやる自分を作ろうと努力されるのです。

今では、未婚男性だけでなく未婚女性や未婚者の親たちにも、講座や講演をさせていただくようになりました。多くの方が結果を出しています。

この本は、私がこの業界で活動した5年間のすべてです。このすべてを知っているのは、私のパートナーである妻です。妻と出会っていなかったら、いまの私は存在しません。私の「また会いたくなる人」「会いたい人」は、妻なのです。

妻との出会いの前に、取り返しのつかない失敗やいっぱい泣いた深い恋愛もありました。私がいろんな異性と付き合ったことにより、異性というものがわかり、自分というものがわかったのです。

これらの恋愛があったから、自分がどういう相手ならパートナーを組めるのかがわかり、妻と出会え、パートナーになれたのだと思います。いくつもの恋愛によって、最高のパートナーに近づけるのです。

「人生に無駄な失敗はない。すべての経験が人生に活かされる」と言って、妻は失敗続きの私を受け入れてくれました。自己開示が苦手だった私は、やっと彼女には自分を出すことができたのです。

私の5年間を本当に知っているのは、親でもなく友人でもありません。パートナーである妻です。そして、残りの人生を見てくれるのも、パートナーである妻なのです。

私は自分のことが最高レベルの「10」好きです。大切です。自分以外で、「10」に近いレベルで大切に思える人が、パートナーであれば、幸せだと思います。

妻は私にとって「10」です。たまにケンカもしますが、すぐ仲直りしたいと思います。妻も私のことを愛してくれていると感じるし、妻にとって私が「10」であるように、これからも私は努力していきたいです。

たくさんの方が、「10」「10」関係のパートナーをもてたら、もっと優しく幸せな社会が実現できるのではと思います。

「人生はパートナー探し」だと思います。

私は残りの人生を妻と生きていくことに決めました。

「心から愛する人もなくて何が人生か」

そう感じることができたのは妻のおかげです。

「いままでありがとう。これからもよろしく」

この本が書けたのは、妻だけでなく、これまで講座を受講していただいた皆さん、講演主催者の皆さん、私の原点となった「恋愛相談室」の相談者の皆さん他、たくさんの方のおかげです。そして、出版のチャンスを作っていただいた葉石かおりさん、講談社の依田則子さんに大変お世話になりました。ありがとうございました。

最後に、私が感じているコミュニケーションで一番必要なこと、恋愛や結婚するために一番大事なこと、人生のパートナーを得るために一番大切なことを伝えさせてください。

それは、**「誘える力」「誘われる力」**です。

この本を読んでいただいた皆さんが、「また会いたくなる人」になって、人生のパートナーと充実した日々を送られることを願っております。

大橋清朗　おおはし きよはる

「NPO法人花婿学校」代表。結婚コンサルタント。公認パフォーマンスカウンセラー。まったくモテなかった自分自身を改造して成功した経験を活かした「男と女の婚活講座」が人気。必ず結果を出せると評判が評判を呼び、全国から受講者が殺到。「婚活」をテーマに、大手結婚情報サービス、全国の結婚相談所、行政などでの講演は年間100本以上。テレビや新聞・雑誌などで「婚活」のエキスパートとして活躍中。

http://www.hanamuko.com/

また会《あ》いたくなる人《ひと》

婚《こん》活《かつ》のためのモテ講《こう》座《ざ》

2009年1月7日　第1刷発行
2011年1月20日　第7刷発行

著者　大橋清朗《おおはしきよはる》

ブックデザイン　寄藤文平　篠塚基伸（文平銀座）
イラスト　石川ともこ
カバー写真　amana
企画協力　葉石かおり

発行者　鈴木　哲
発行所　株式会社講談社
〒112-8001　東京都文京区音羽二丁目12-21
出版部　03-5395-3522
販売部　03-5395-3622
業務部　03-5395-3615

印刷所　慶昌堂印刷株式会社
製本所　牧製本印刷株式会社
データ制作　講談社プリプレス管理部

ISBN978-4-06-215223-5　N.D.C.335 246p 19cm
定価はカバーに表示してあります。